山本五十六の乾坤一擲

鳥居 民

草思社文庫

山本五十六の乾坤一擲《けんこんいってき》　目次

山本五十六の乾坤一擲《けんこんいってき》

プロローグ

山本五十六は普通の人間ではありません。

昭和十六年に五十七歳、百六十糎《センチ》と短軀ではありましたが、日焼けした赤銅色の肌、二本の硬炭《かたずみ》を真横に並べたような濃い眉と眼光鋭い黒目勝ちの瞳、丸刈り、白髪まじりのごま塩のこの海軍提督は普通の人間ではなかったのです。

昭和の海軍大臣と軍令部総長、連合艦隊司令長官は合わせれば三十人近くになります。山本五十六はこれらの提督とはまったく違います。

同じく昭和に陸軍大臣、あるいは参謀総長となった将官は二十人ほどいます。同じ昭和の二十年間に総理大臣となった人物は十数人います。かれらと較べてもまったく違うと言いたいのですが、そこまで言う必要はないでしょう。

山本五十六は歴史のどのような舞台に自分が立っているのかをつねにはっきり意識し、周到に考えをめぐらし、大胆に行動しました。かれは自分が平和な時代に身を置いてはいない、差し迫った大きな危機のなかにある国の運命を担っているのだという強い自覚を持ちつづけました。

かれはひとつ、ひとつの歴史のシーンの主役として振る舞い、部下たちに説いて明かし、同僚、親しい友人にメッセージを送りました。それぞれ節目となるときに自分が書いた文書の写しをかれは残しましたし、個人的な書簡を数多くしたためもしました。

さて、南太平洋で戦死した山本五十六が日本を代表する悲劇的な人物であったことはだれもが認めると思います。ところが、かれの生涯がどれほど悲劇的であったのかは本当はなにも知られていないのです。奈落の底に落ち込もうとする日本を引き戻そうと試みた人物、たったひとりの人物であったにもかかわらず、だれもそれを知りません。

それだけではありません。日本を救おうとした山本の試みには協力者がいました。そして戦後になって、かれらがやったことを探り当てた人たちがいます。しかし、そのすべての人びとが沈黙を守り通したのは、山本の意思を尊重し、そのことを秘密にするのが日本のためになると理解したからなのは疑う余地のないことです。

こうして、日本を救おうとして、救うことができなかった山本五十六の悲劇についての叙述、論述は今日までありませんでした。

だが、山本五十六も、すべてを知っていながら沈黙を守った人、それを探り当てながらも秘密を守った人、この人びとは、いまそれを私が明らかにしても、許してくれるのではないかと思います。

第一章

活字に残されている昭和十六年十一月三十日

高松宮の直訴

昭和十六年十一月三十日に高松宮が昭和天皇に向かって、アメリカとの戦争は避けねばならないと直訴しました。

とてつもない出来事でした。米英との開戦は十二月八日とすでに決まっています。あと十日足らずです。このときになって、戦いをしてはならないというのです。天皇は心の底から驚いたにちがいありません。が、高松宮はまさに必死だったのです。

その出来事の概略は、天皇がそのときに内大臣だった木戸幸一に語り、どうしたらよいかと相談したことから、木戸の助言、そしてそのあとの一部始終が、かれの日記に記されています。

つぎのとおりです。

「二時半出仕。
三時半、御召により拝謁す。
今日午前、高松宮殿下御上りになりたるが、其時の話に、どうも海軍は手一杯で、出来るなれば日米の戦争は避けたい様な気持だが、一体どうなのだろうかね、との御尋ねあり。

依って、今度の御決意は一度御聖断被遊《あそばさ》るれば後へは引けぬ重大なるものであります故、少しでも御不安があれば充分念には念を入れて御納得の行く様に被遊《あそばさ》（ママ）ねばいけないと存じます、就ては直に海軍大臣、軍令部総長を御召になり、海軍の直の腹を御たしかめ相成度《あいなりたく》、此の事は首相にも隔意なく御話置き願い度いと存じますと奉答す。

三時半、東條首相参内、拝謁す。其後、海軍大臣、軍令部総長を御召あり、御下問ありたり。

四時、武官長、六時、侍従長と面談す。

六時三十五分、御召により拝謁、海軍大臣、総長に先程の件を尋ねたるに、何れも相当の確信を以て奉答せる故、予定の通り進むる様首相に伝えよとの御下命あり。

直に右の趣を首相に電話を以て伝達す」*

内大臣の木戸幸一は天皇にもっとも近い側近でした。天皇は国政にかかわるすべての重大な問題を木戸に相談してきました。そこで十一月三十日、天皇がこの重大事を木戸に話し、かれの助言を求めたのは当然でした。

木戸は天皇に向かって、どのようにしたらよいかを言上したことを日記に記し、前にも言いましたように、そのあとの出来事のすべてを過不足なく記述したように思え

＊編者　木戸日記研究会「木戸幸一日記　下巻」東京大学出版会　昭和四一年　九二七頁

ます。

だが、読者は木戸のこの日記を読んで、かれがある事実を記していないことに気づきます。そしてかれはそれを記すほどのことではないと思って、日記に書かなかったのだろうと読者は考えることになります。

その疑問は消えません。やがてその疑いはふくらむことになります。その謎を取り上げるのは第二章からになります。

ところで、木戸幸一の日記がいつ公開されたのかを記しておきましょう。木戸の日記が刊行されたのは、昭和四十一（一九六六）年です。

だが、その日記、なによりもその十一月三十日のくだりは戦後二十年たってはじめて人の目に触れたのではありません。敗戦のあとまもなく、その部分は新聞に載りましたから、だれもが知ることができたのです。昭和二十二年十二月二十七日付けの各新聞に、高松宮が天皇に向かって、海軍はアメリカとの戦争を避けたいと言上したのだというくだりが掲載されました。

こういうことでした。東京裁判が開かれることになり、内大臣だった木戸幸一は戦争犯罪人の容疑で昭和二十年十二月十日に捕らえられます。翌昭和二十一年一月二十三日にかれは昭和十六年の自分の日記を検察局に提出しました。そこで十一月三十日の項を検察側が取り上げ、被告もまたそれを取り上げたことから、それが新聞に載ることになったのです。

もう少し説明しましょう。木戸が日記を提出するにいたった理由は、尋問担当官、国際検察局法務官のヘンリー・サケットをくみしやすしと見てのことでした。かれは日本史の勉強などしたはずもなく、一九三〇年代、一九四〇年代の日本の内政・外交についてなにひとつ知らなかったのでしょう。慌ててジョゼフ・グルー、ヒュー・バイヤス、アンドリュー・ロスの日本論を読んだのでしょう。グルーは一九三二（昭和七）年から日米戦争がはじまるまでのアメリカ駐日大使でした。十年間の大使時代の日記は戦争中の一九四四年に出版されました。バイヤスは東京で十数年を過ごした新聞特派員でした。英国人でしたが、戦争中、アメリカで日本に関する本を二冊だしました。ロスは新鋭の日本研究家でした。昭和初年の国際共産党のイデオロギー色の強い講座派の理論が枠組みの日本研究の本は、マッカーサーの部下たちが座右に置く本となりました。

そこで木戸はつぎのように考えたのです。英訳した自分の日記の記述をもとに、サケットに質問させるようにすれば、なによりも自分の土俵でつねに戦うことができる有利さがあり、前もっての準備もでき、そのときに自分のこのさきの運命は見当がつかなかったでしょうが、日記にでてくるそれぞれの人物をサケットにどのように印象づけさせるかは、かれの思いのままとなります。そしてなによりも大事なことは、機微にわたる問題は日記に記さないようにつねに注意していましたから、自分の本心はしっかり隠してあるはずだという自信があったのです。そして僅かに気になる箇所は、提出に先立ち、墨で塗り潰させたのだと言われています。かれの弟の娘のつれあいである都留《つる》重人が語ったというのですが*、恐らく都留自身がやったことだったのでしょう。

　さて、木戸が知らなかったことがありました。もちろん、それを知らなかったのは木戸だけではありません。アメリカ政府の最高首脳は、まだ戦争が終らない七月に、天皇を戦争犯罪人にはしないと決めていました。ジョゼフ・グルーがルーズベルト大統領と決めたのであろう最高方針の追認です。もちろん、トルーマン大統領——ルーズベルト大統領でも同じことですが——のこういった決定は、文書として残されることは決してありません。非公式の会議でメモも残しません。何人かのトップの人たちが胸に収めていればよいことですから、会議の場で部下たちにはっきり伝えることをせず、かれらが出過ぎたことをしようとしたら、一言注意を与え、当然、かれらの部下は俊敏でしょうから、大統領が秘かに定めた、そのような基本方針があるのだとひとりうなずけばよかったのです。余計なことを付け加えるなら、そんな部下がはるかのちに回想録を執筆したとき、あるいはテレビ番組のインタビューで、その事実にさらりと触れることになるのです**。

そんな訳でしたから、戦争が終ったあとになっても、まだその機密を知るアメリカの政府、軍の幹部は少数でした。国務省、陸海軍省の課長クラスの担当官は会議を開き、天皇を戦争犯罪人にする、しないといった報告書をつくり、上級幹部にそれを提出するといった作業を何回も繰り返し、新聞にもそれが掲載され、一九四六年に入って、いわゆる東京裁判開始の準備がはじまるようになれば、天皇は有罪だといった論議はさらにつづいたのです。トルーマンと何人かの最高幹部にとってみれば、アメリカの自国民のあいだになお強い日本憎悪の感情を癒すことになり、ずっと重要な効果は、日本政府と日本国民への圧力、脅迫となり、占領政策遂行の助けとなることですから、日本人の夢魔となるそのようなニュースがときどき新聞紙面に出るのは望ましいことだったのです。

ところで、サケットが木戸日記の昭和十六年十一月三十日の記述を読む段になったときには、天皇を戦争責任者として訴追しないことは、被告である木戸も承知するようになっていました。それだけにサケットにとって、木戸の十一月三十日の日記は取り上げないことにするのが無難というものでした。

＊　粟屋憲太郎「東京裁判への道　上」講談社　平成一八年　一一二頁

＊＊　Gar Alperovitz, *The Decision to use The Atomic Bomb*. Random House, 1996. p. 495.

サケットは尋問する相手に向って、「私は歴史学や政治学の観点からこの問題に興味を持っています」と語ったことがありました。かれがそのように語ったのは、相手の気をほぐそうとするテクニックだったのでしょうが、歴史の真実を知りたいというかれ個人の詮索の気持ちもあったにちがいありません。まさに十一月三十日はかれにとってそういった箇所だったのでしょう。憲法が定めた最高統治権を持った天皇は、戦争をするか、しないかを究極の段階で決めることができるという隠されていた事実を内大臣が日記に明らかにしてしまったまことに微妙な箇所だったからです。人任せではなく、木戸が自分で日記を調べることができたのであれば、間違いなく、サケットに提出する前、ここにこそ、墨で塗り潰さなければならない数行でした。

サケットは興味にかられて、ついついこれを取り上げてしまったのでしょう。しかし、「今度の御決意は一度御聖断被遊《あそばさ》るれば後へは引けぬ重大なるものであります」といった箇所は無視され、サケットの質問に木戸はつぎのように答えて、お終いでした。「陛下の御指示は御前会議を開催することであって、戦争に関したものではありませんでした」*

同じく検察官は東条英機にたいしても、木戸日記をもとにこの日のことを尋ねたのでしょう。昭和二十二年十二月二十六日に提出した東条の宣誓供述書のなかに、十一月三十日のことが述べられています。かれも木戸日記を使うことになりましたが、木戸と同じように、天皇に開戦責任が及ばないようにと注意を払ったのは言うまでもありません。

「十一月三十日午後三時過ぎ突然陛下の御召ありただちに参内拝謁しましたところ、陛下より先程高松宮より海軍は手一杯でできるならこの戦争は避けたしとのことであった。総理の考えはどうかとの御下問でありました。よつて私は、『この戦争は避けたきことは政府はもちろん統帥部も皆感を同じうするところでありますが、連絡会議において慎重研究の結果は既に内奏申し上げたごとく、事、ここに至つては自存自衛上開戦止むを得ずと存じます。また統帥部においては戦勝に相当の確信を有すると承知いたしております。しかし海軍作戦が基礎をなすことでもありますゆえ、少しにても御疑念を有せらるるならば軍令部総長、海軍大臣を御召の上十分御確め願います』と奉答し退下しました。

しかるに午後七時頃、木戸内大臣より電話がありまして陛下より軍令部総長、海軍大臣もともに相当確信ありとのことであるから、十二月一日の御前会議は予定のごとく進めて差支なしとのことでありました」**

＊「個人反証篇　木戸幸一口供書」昭和二二年十月十四日～十六日

＊＊編者　東條由布子「大東亜戦争の真実　東條英機宣誓供述書」ワック　平成一七年　一五三～一五四頁

この供述書の要点を繋げたものが、翌十二月二十七日の新聞各紙の記事となったのです。

さて、そのときに新聞のこの記事の見出しにぎくりとし、読み終えて溜息をついたのは、その出来事を知っていたごくごく僅かな人たちだけでした。雨の漏る住まいの六畳、明日には一粒の米もない米びつ、雨水が滲み込む靴、手に入れるすべのない子供のための寒さを防ぐ下着、毎日の生活に追われる人びとは、そんなこともあったのかと思っただけだったのです。

木戸幸一のことに戻ります。十一月三十日の出来事について、かれは日記に書かなかったこと、秘密にしたことを生涯、語りませんでした。木戸は昭和五十二（一九七七）年四月に没します。八十七歳でした。

高松宮日記に、その日の記述はなかった

そこで高松宮のことになります。高松宮は戦争中に記述した日記を残しています。その日記が公刊されたのは、高松宮が他界してあとのことになります。

高松宮は昭和六十二（一九八七）年二月に亡くなりました。八十二歳でした。それから四年のちのことになります。高輪の高松宮邸の倉庫のなかの大小いくつもの箱や

包みのあいだに挟まれ、漆塗りの葛籠《つづら》がありました。宮の手元品であることを示す「若梅」のしるしがついていました。御用掛《ごようがかり》がたまたま中を調べました。入っていたのは宮の日記でした。海軍兵学校予科に在学していた大正十年から終戦後の昭和二十二年までの日記です。

二十七年間を記した日記帳は全部で二十冊にものぼりました。平成七（一九九五）年から九年にかけて中央公論社からこの日記が刊行されました。

ところが、その日記のなかに、昭和十六年十一月三十日の記述がありません。そう言っては正確ではありません。その日の午後からの記述はあります。午前中に高松宮が天皇に直訴した事実がまったく記されていないのです。日記の記述がなかったのは、その午前中の出来事だけではありません。その前からです。十一月十四日から十一月三十日までの十七日間の日記がないのです。

その「第三巻」の後記に、編集委員のひとりだった阿川弘之はつぎのように記しています。

「昭和十六年十一月十四日から三十日までの十七日間、御日記の記述が無い。開戦の最終決定が下される重大時期に該当しており、陛下が近衛、米内、岡田、若槻ら重臣八人の意見を聴取されるのは二十九日、高松宮が参内し、海軍は戦争遂行に不安あり出来れば日米戦争を避けたい意向と言上されるのが三十日である。編集会議の席上、何故この部分が欠落しているのか、誰かの手で機微にわたる記述が抹殺されたのではないかとの疑問が出た。よって、第十冊分第十一冊分の日記原本にあたり、再確認作業を行ったが、抹殺の跡も後年原本から切り取った痕跡も、全く見あたらなかった。要するに、事由は不明なるも、この年十一月の御日記は十三日で打ち切られ、以後二週間余、書かれていないのである。記述の無い日、記述の無い月は、各巻随所に見られるが、ここは微妙な時期なので、特にそのことを明記しておく*」

ところで、木戸幸一と違って、高松宮は戦後、十一月三十日のことを語っています。これは第五章で記すことにします。

理由を説明します。木戸日記、高松宮日記、そしてこのあとに掲げる海軍大将小林躋造《せいぞう》の覚書、さらに昭和天皇の回想録は、それぞれ一九六六（昭和四十一）年、一九九五（平成七）年、一九八一（昭和五十六）年、一九九〇（平成二）年に公刊されたのですが、実際にそれらが記されたのは昭和十六年であり、昭和十八年であり、遅くても昭和二十一年でした。ところが、高松宮が思い出を語ったのははるか後年になります。そこでここでは紹介しません。

昭和二十一年三月の「独白」

昭和十六年十一月三十日の出来事のもうひとりの当事者は昭和天皇です。

昭和天皇は自身の覚書を残していません。天皇は東宮《とうぐう》時代、どのような教育方針に基づいてのことか、記録をとる、そして手紙を書くということを学びませんでした。教えられたのは和歌をつくることだけでした。そこで天皇になってからも、趣味の生物学の研究を除いては、軍令部総長の内奏を聞いても、メモをとる習慣がなく、上奏書類、説明書を読んでも、ノートをとることなく、前首相に慰労の書簡をしたためることもなく、一日の出来事を記すといった慣習もありませんでした。

昭和十六年十一月三十日の出来事については、天皇は何人かの部下に語ったことと思います。記録され、それが公開されることになったのは、ただひとつだけです。

その日から一カ月あとに天皇からその日に起きたことを聞いたのは東久邇宮《ひがしくにのみや》です。木戸幸一のこと、高松宮のことは、このあとで述べねばなりませんから、説明をしてきませんでしたが、東久迩邇宮のこと、さらにこのあと名前がでる何人かについて

＊　高松宮宣仁親王「高松宮日記　第三巻」中央公論社　平成七年　四二一～四二三頁

は、順次、説明しましょう。

昭和十七年一月一日、東久邇宮は元日の拝賀のために宮中に参内しました。稔彦《なるひこ》王が名前です。宮はそのとき五十四歳、防衛総司令官になったばかりでした。宮は陸軍士官学校、陸軍大学校をでた陸軍軍人です。防衛総司令部について語っておきましょう。昭和十六年七月五日につくられました。参謀本部、陸軍省軍務局、航空総監部から人員を集めました。ソ連と戦争をはじめるかもしれないというときでしたから、ソ連空軍による本土空襲を恐れて、つくられたのです。地上防空が主任務ということになっていましたが、形だけのもので、隣組のバケツ・リレーの消火を頼りにしていました。ソ連との戦争を断念したあとの九月になって、その設置が公表されました。べつの戦いの用意ということになります。

東久邇宮家について記しておきます。久邇宮家の一員の朝彦《ともひこ》が、明治三十九（一九〇六）年に一家を創立し、東久邇宮家の誕生となりました。東久邇宮稔彦王の第一王子と天皇の第一皇女の照宮が結婚したのが昭和十八年のことでした。東久邇宮稔彦王が敗戦直後の首相になったことはだれもが承知していることでしょう。

昭和十七年の元旦の宮中に戻ります。歓声と笑いが響き、まばゆいほどに明るい朝でした。風もない素晴らしい快晴だったのです。東久邇宮は午前十時に天皇、皇后に新年の挨拶をして、そのあと宮中のいくつもの儀式に参加しました。その合間のことだったにちがいありません。東久邇宮は天皇と一、二分、言葉を交わしました。見事な大勝利を東久邇宮が祝したあとのことでしょう。天皇は前年十一月三十日の出来事を東久邇宮に語ったのです。

同じ松の内のことだったのでしょう。東久邇宮は年賀に来た原田熊雄に向かって、天皇から元旦に聞いた話をしました。

原田熊雄は元老、西園寺公望《きんもち》の私設秘書でした。昭和元年と変わる大正十五年から昭和十五年に西園寺が没するまでのあいだです。元老は内閣総辞職のあとに次期首相を天皇に奏請するという基本任務を負っていました。昭和になって元老は西園寺ただひとりとなり、しかも五・一五事件のあとから、衆議院の第一党の党首を首相に奏請することを断念し、挙国一致内閣となって、後継首相を選ぶのは西園寺の重要な仕事となりました。外へ出ることのない西園寺の目となり、耳となっていたのが原田でした。

原田は近衛文麿、木戸幸一とは学習院高等科、京大時代からの友人でした。しばらく首相秘書官をやっていたのですが、西園寺に秘書としてかれを推薦したのが近衛でした。原田は闊達な性格でしたから、外務省、内務省から、政界、軍部、財界までのひろいつきあいがありました。陸軍軍人の知り合いも多かったのですが、なんといっても海軍贔屓で、海軍も穏健派の提督を信頼して、米内光政と仲がよく、山本五十六とも親しくしていました。

原田は東久邇宮から聞いた話をつぎに小林躋造《せいぞう》にしました。

小林は海軍軍人でした。少壮時代からやがては海軍を背負う男と目されていました。昭和十一年にかれは思いがけなくも予備役となりました。その年二月、陸軍若手士官が兵士を率いての叛乱事件を引き起こしたあと、陸軍最古参の将官たちが責任を負うことになり、現役を退きました。海軍側はそれとバランスをとることにして、何人かの海軍大将が現役を去ることになり、巻き添えを食ったのが小林でした。こんな馬鹿な話があるかと非難の声が大きかったのですが、海軍内の強硬派がこのときとばかり、この目障りな小林を葬ったのです。ロンドン軍縮条約の締結を支援した海軍穏健派の代表が軍事参議官の小林だったからです。海軍軍縮問題は西園寺が注意を払っていた重要な問題でしたから、原田はその時期に小林と親しくなったのです。

そのあと小林は台湾総督となり、昭和十五年十一月に帰国し、翌昭和十六年には、日本がアメリカとの戦争にずるずると滑り落ちていく毎日を不安と焦りのなかで過ごすことになりました。戦争がはじまり、いよいよ戦況が不利となった昭和十八年三月にかれはメモと草稿を整理して、アメリカとの開戦のときまでの一年間に、自分がアメリカとの戦争を阻止しようとしてやったことをまとめました。

その一年足らずあとの挿話を語っておきましょう。東条内閣を倒して小林躋造を首相にしようと考えた人たちがいました。昭和十九年二月、敵の強大な新艦隊が中部太平洋を直進しはじめようとしたとき、吉田茂が小林を首相にしようと重臣たちのあいだを説いて回りました。ロンドンで吉田が一等書記官、小林が海軍武官だった大正九年から十一年のあいだに二人は親しくなっていたのです。

それから四十年近くのち、昭和五十六（一九八一）年に小林躋造の覚書が刊行され、昭和十八年三月につくったかれの記録も日の目を見ることになりました。

そのなかで昭和十七年元旦に天皇が東久邇宮に語った説明を記しました。

「艦隊発動の裁可をした直後、高松宮が蒼皇として参内され『今艦隊進発の御裁可ある事は非常に危険です。実は軍令部の計算に大きな錯誤のある事を発見しました』と言上したというのだった。天皇は海相、軍令部総長を呼んで『何か誤算はないか』と問うたところ、両人共よく調べましてと云って下って、暫らくして『海軍としては何等の誤算もありませぬ』と答えたのでホット安神《あんしん》したのだが、高松宮が軍令部に誤算ありと云った時には既に艦隊は進発後ではあり之は困まったと思った」*

天皇が東久邇宮に語り、東久邇宮が原田にそれを告げ、原田が小林にそれを喋ったのですから、天皇が語った言葉は変えられたところがいくつもあったと思います。だ

＊　編者　伊藤隆・野村実「海軍大将小林躋造覚書」山川出版社　昭和五六年　一二〇頁

が、話の大筋は間違っていないのでしょう。さて小林は、東久邇宮が原田に天皇の言葉を語ったあと、「高松宮の誤算云々のお話は何う云うことであったか知らぬが、大事な問題でなければ善いがと心配してる」と懸念を洩らしたことも記したのです。

毎日毎日、勝利のニュースがつづき、だれもが上機嫌なときでしたが、東久邇宮と同じように原田もそれを聞いたときには、戦争がはじまる前の胸苦しい記憶が戻ってきたにちがいありません。小林もまた原田の話を耳にしたとき、開戦前の恐ろしい不安がぶり返したのです。もちろん、小林が昭和十八年三月に覚書をまとめようとしたときには、「高松宮の誤算云々」ということがなんであったのかは、わかりすぎるほどにわかっていました。

その一カ月前の昭和十八年二月、半年にわたってつづいたガダルカナルの戦いは終わりました。わが海軍が存分に戦った戦いは、前年十一月十二日から十五日までの四日間にわたった第三次ソロモン海戦でした。だが、その島の奪回はできず、わが海軍が主導権を握っての戦いはその海戦が最後になりました。そしてそのガダルカナル攻防戦のあいだに、海軍は一千機以上の航空機を失い、空母一隻、戦艦二隻、巡洋艦五隻、駆逐艦十六隻を失い、なによりも、かけがえのない優秀、老練な搭乗員、乗組員を失ってしまいました。それでもそのときには、こちらの正規空母は二隻、アメリカ側も二隻でした。ところが、その年の秋にはアメリカは新たに正規空母六隻、軽空母五隻、戦艦十二隻を揃えた巨大な陣容になります。同じとき日本側に新たに竣工した空母、戦艦はありませんでした。高松宮が昭和十六年十一月三十日に天皇に言上した海軍の「大事な問題」とはこういう予測だったのです。

ついでにここで記しましょう。小林躋造が昭和十六年の覚書をまとめる作業をした翌月の昭和十八年四月、山本五十六は戦死しました。

そのときから三年のちのことになります。昭和二十一年三月二十二日、天皇は昭和十六年十一月三十日の出来事を宮廷の部下たちに語りました。

「翌（十一月）三十日、高松宮が昨日の様子をききに来た、そして、『今この機会を失すると、戦争は到底抑え切れぬ、十二月一日から海軍は戦闘展開をするが、已にそうなったら抑える事は出来ない』との意見を述べた。戦争の見透に付ても話し合ったが、宮の言葉に依ると、統帥《とうすい》部の豫想は五分五分の無勝負か、うまく行っても、六分四分で辛うじて勝てるという所だそうである。私は敗けはせぬかと思うと述べた。宮は、それなら今止めてはどうかと云うから、私は立憲国の君主としては、政府と統帥部との一致した意見は認めなければならぬ、若し認めなければ、東条は辞職し、大きな『クーデタ』が起り、却て滅茶苦茶な戦争論が支配的になるであろうと思い、戦争を止める事に付ては、返事をしなかった。

十二月一日に、閣僚と統帥部との合同の御前会議が開かれ、戦争に決定した、その時は反対しても無駄だと思ったから、一言も云わなかった」*

これを読んだ人は口には出さないながら、だれもが悲しく思い、残念に思ったことでしょう。私もここにこの「独白」を載せたくはなかったのです。

天皇の弁明のもっとも肝心な箇所、クーデターが起きると語ったことについては、第八章で説明することになりますが、ここで少し語っておきましょう。

アメリカとの戦いがまだはじまる前のこと、内大臣、木戸幸一は和平を求めようとする願いを振り払おうとするとき、それをかれに伝えた者に向って、そんなことをしたら、「内乱になるよ」との有無を言わさない一言を放ったものでした。愚図愚図、いつまで交渉だ、合意だと喋っているのだという怒りの意思表示でした。そのような不条理な言葉を内大臣の地位にある者が平然と使っていたのですから、昭和十九年後半になって、そして昭和二十年に入って、かれが天皇に向い、自分の開戦前の行動を弁護しなければならなくなって、思ったこともなければ、ましてや恐れたことなど毛筋もなかったにもかかわらず、クーデター、内乱を警戒しなければならなかったのだといった言葉を使うようになったのでしょう。そして敗戦のあと、木戸に逮捕令がでて、巣鴨プリズンに入所する前、いや、その前から、かれが何回か天皇と開戦責任の問題を語り合うようになったときに、こうした言葉を繰り返し口にすることになったのでしょう。

前に戻ります。木戸が昭和十六年十一月三十日の出来事から隠しおおした秘密とはなんだったのでしょう。

＊　著者　寺崎英成、マリコ・テラサキ・ミラー「昭和天皇独白録」文春文庫　平成七年　八九〜九〇頁

第二章　永野修身、高松宮、対ソ戦を阻止しようとして

永野修身は主戦論者ではなかった

位が上がれば上がるほど増えていく儀式と行事、それに合わせて限りなく不勉強になっていくのは、いたしかたないとして、その儀式の繰り返しに平然と耐えるようになるのが、高級将官に必要不可欠とされる資質です。

連絡会議、重臣会議で同じ説明を繰り返し、その最後の儀式となるのが御前会議です。昭和十六年十二月一日の御前会議で、アメリカ、英国と戦争をすると正式に決めました。もう一度振り返れば、その前日の十一月三十日に高松宮は天皇にこの戦争をしてはならないと主張しました。前に記した小林躋造の覚書をもう一度引用すれば、「今艦隊進発の御裁可ある事は非常に危険です」と説いたというのです。天皇は非常に驚きます。天皇は木戸幸一の助言に従い、軍令部総長の永野修身と海軍大臣の嶋田繁太郎を呼び、戦いをやって大丈夫なのかと念を押しました。永野と嶋田が天皇にご安心下さいと言上しました。

そこで読者は疑問を持ちます。

軍令部第一部の部員、それも着任して十日ほどにしかならない海軍中佐の高松宮が途方もない主張をしました。天皇はもちろんのこと、内大臣、軍令部総長、海軍大臣、そして総理大臣に大きな迷惑をかけました。直宮《じきみや》がやったことであり、兄弟のあいだの論議だと言うことはできません。これは軍令部の一部員が犯した重大な紀律違反です。天皇と軍令部総長はこの問題を不問に付すことはできなかったはずです。

ところで、天皇は軍令部総長と海軍大臣に向って、高松宮の名前を挙げませんでした。高松宮の直訴があったのだとは明かさなかったのです。しかし、宮廷はこの問題について厳重な箝口令を布いたわけではありませんでしたから、軍令部総長と海軍大臣はすぐに高松宮の直訴があったことを知ったのですし、前に見たように、天皇は東久邇宮に向って、ここまで来るのには苦労もあったのだよと打ち明け話をする調子で、高松宮の名前を挙げ、十一月三十日の話をしたのでした。

そこで前の章に記した疑問になります。木戸が日記に書くのを避けた問題です。軍令部総長は高松宮を呼び、今回の直訴は殿下ひとりの考えではないでしょうと問い、だれと協議したのかと尋ねても不思議はなかったはずです。

ところが、この高松宮の諫言問題はそれっきりとなりました。そうしなければならない理由があったのです。第七章と第八章で述べることになりますが、天皇、内大臣、軍令部総長のだれもが隠さねばならなかった重大な秘密があったがために、高松宮の直訴は有耶無耶《うやむや》にされたのです。

その大きな秘密とはべつに私たちが知っておかねばならない重要な事実があります。

十一月三十日、軍令部総長は天皇に向って、アメリカとの戦いに「相当の確信あり」と述べました。軍令部総長はそのように述べざるをえなくなっていたのです。それは決して永野修身の本心ではありませんでした。

読者の多くがそれはおかしいと言うでしょう。「断乎これを討つべし」「鉄鎖を切断するしかない」「ディスカッションをなすべき時にあらず」と叫んでいたのは、軍令部総長だった永野修身ではないか。強硬派のうちの強硬派だ。かれがアメリカと戦えと主張したという証拠は文書記録のなかに数えきれないほど残っている。研究者はいずれも永野は主戦派だったと説いている。研究者だけであるものか、かって海軍省の高い地位にいた軍人が永野を指して、主戦論者だと言っていたではないか。

そのとおり、永野を「戦略なき主戦論者」とある研究者は命名しました。「政策決定に責任を負った海軍首脳のうち、もっとも早くまたもっとももつよく、開戦に傾斜していった人物」とべつの研究者は書きました。「永野軍令部総長、対米戦は時を経るとともに不利となる旨発言」といった見出しを研究書は掲げています。昭和十六年九月六日の御前会議で永野は「大坂冬の陣の故事を引くことで天皇の対米開戦決意を促す方向にあった」と説く研究者もいます。

こうして戦後六十数年にわたって、永野修身は主戦派のうちの主戦派だと言われ、思われてきたのです。

高松宮が昭和十六年十一月三十日にやったことを解明するためには、永野が昭和十六年の六月からなにをしたのかを見なければなりません。章タイトルには「永野修身、高松宮、対ソ戦を阻止しようとして」と記しましたが、二人がともに協力してなにかをしたということではないことを念のために記します。

永野修身はすでに述べてきたように昭和十六年に軍令部総長でした。少し説明しましょう。

アメリカ海軍では、アーネスト・キングが永野修身と同じ地位の海軍軍人でした。かれは日本軍の真珠湾攻撃のあとの一九四一（昭和十六）年十二月三十日にアメリカ艦隊司令長官の地位に就き、つづいて海軍作戦部長を兼任することになりました。海軍作戦部長という訳語に決まってしまっていて、なにか部長クラスの役職かと思いますが、これが軍令部総長です。

永野とキングの年齢を較べておきましょう。永野は明治十三（一八八〇）年の生まれです。昭和十六年に六十一歳でした。キングは一八七八年の生まれ、永野より二歳年上でした。

その戦略思想はといったら、永野は保守派でした。戦争がはじまるまでは、日本海軍も、アメリカ海軍も同じこと、提督たちは大艦巨砲主義者であり、戦艦がすべてでした。戦艦の巨大な四十一糎《センチ》砲を最大の射角に上げ、肉眼では見えないさきにいる敵戦艦に砲弾を射ち込む日をかれらは数十年にわたって夢見てきていたのです。

だが、キングはそうではありませんでした。キングは航空戦力の信奉者でした。かれより六歳若い、明治十七年生まれの山本五十六と似ていました。一九三三（昭和八）年に開発された飛行艇のカタリナ機を偵察だけでなく、爆弾を積み込んで攻撃機として使えと執拗に主張したのが大佐だったキングでした。その年にかれは航空本部長となります。それより前、昭和五年に少将だった山本は航空本部技術部長となります。そのときに技術部長は航空機の製造、調達、修理、補給を掌握していましたから、海軍航空を支える底辺のすべてのことがかれにわかるようになったのです。そして昭和十年末から昭和十三年末まで山本は航空本部長でした。かれは文字通り海軍航空育ての親だったのです。

ところで、海軍内で航空主兵を説く将校は日米ともに少数でした。戦艦一隻が持つ火力は九百機の爆撃機が持つ火力*に匹敵する。戦艦十五隻の火力を持つためには一万三千五百機の爆撃機が必要となる、砲術科出身の海軍提督はこんな具合に説いていたのです。

もう少しつづけましょう。技術部長となる以前、山本五十六は昭和三年十二月に空母赤城の艦長となります。昭和二年に竣工してから艦長は目まぐるしく代わり、かれは三代目です。かれはロンドン軍縮会議の随員となって退艦することになり、十カ月ほどの空母勤務でした。アメリカ側では、キングが空母レキシントンの艦長になるのが一九三〇（昭和五）年六月です。キングは二年間、艦長を務めました。

余計な話を加えましょう。赤城とレキシントンは世界最初の近代的な空母でした。赤城と加賀、それに対抗するレキシントンとサラトガが日米両国の主力艦でした。開戦に際し、ハワイ攻撃の主力となった機動部隊の旗艦が赤城でした。昭和十七年五月の日米間の最初の海戦、珊瑚海海戦は両国の空母部隊が正面から向き合っての戦いでした。レキシントンは戦没し、その一カ月あとの同じような空母部隊の海戦となるミッドウェー海戦で赤城は戦没します。

話を永野に戻します。かれの名前も、かれの経歴も、現在、殆どの人が知りません。そしてかれの不幸な晩年を知る人も僅かです。かれは昭和十六年四月に軍令部総長となり、それから三年のちの昭和十九年二月二十一日にそのポストを逐われます。陸軍側の参謀総長である杉山元もその地位を逐われます。中部太平洋の海軍のただひとつといってよい大基地、トラック島がその四日前、二日間にわたって、敵機動部隊の航空隊に叩かれ、輸送船を含めて、四十隻の艦船と二百七十機の航空機を失った責任を永野は負わされ、杉山はそれにつき合わされての解任でした。天皇に信頼されていた

＊平間洋一「空母機動部隊とは何か」『世界の艦船』平成一一年一〇月号　七二頁

杉山は五カ月あとに陸軍大臣として復活します。もちろん、笑みを浮かべるどころではなく、かっての主戦論者は辛い毎日を送り、蔭では部下たちから無能呼ばわりされました。敗戦のあとの九月十二日、かれは夫人の啓子とともに自決します。

永野修身も同じです。かれが軍令部総長のあいだ、快活に過ごすことのできた日々はどれほどあったでしょう。杉山とともに元帥に任ぜられたのは昭和十八年六月ですから、すでに毎日は陰鬱でした。解任のあとは悶々と過ごす日々となります。昭和二十年七月九日深夜、仙台が空襲されて、そこに疎開していた次男の孝昭が焼死しました。九歳でした。永野は家庭運がまことに悪く、三人の妻を病気で失い、四人目の妻とのあいだに生まれた子でした。敗戦のあと、かれは捕らえられました。独房の小窓のガラスが割れたままであったことから、冷たい風が吹き込み、急性肺炎に罹り、両国にあったアメリカの陸軍病院に移され、三日あとの昭和二十二年一月五日に亡くなりました。夫人の京子は翌二十三年十二月に病死します。

さて、永野修身が決して主戦論者ではなかった事実を明らかにしなければなりません。

かれが軍令部総長になって二カ月のち、昭和十六年六月六日のことです。ベルリンの日本大使館から前日の午後遅く届いた外交電報の写しを読んだ人びと、その中味を知る地位にいた人たちは、なんだこれはと思わず声がでる驚きようでした。対ソ開戦が近いとヒトラー総統とリッベントロップ外相が直接に駐独大使、大島浩に告げたという内容です。

ドイツがソ連を攻撃するのではないかという外国の報道、大島大使、北欧駐在公使の報告があるのはだれもが知っていました。しかし、それは独ソ間に不和の種を蒔こうとする英国の陰謀だと思っていました。ドイツがソ連に圧力をかけているのは事実であろうが、スターリンはやがて譲歩するだろう、戦争には決してならないとだれもが思っていました。

ところが、ヒトラー総統はソ連進攻をするのだと言うのです。日独伊ソ四国同盟構築のはかない夢、独ソ間の対立をうまく利用できるのではないかといった他愛のない小さな夢、すべては消え去りました。地政学上の世界地図は明日にはまったく新しく変わることになります。日独両軍が東西挟撃して、ソ連を攻撃するときが来たのだという考えが最初に浮かべば、北方からの脅威は消えた、いまこそ南進するときだ、ボルネオ、スマトラの油田を占領しなければならないという考えが湧き、いや、ソ連軍の指揮がたちどころに麻痺し、共産党の権力がただちに崩壊してしまうことになるだろうか、もし、そうならなければ面倒な事態になる、なによりも英国が息を吹き返す、アメリカは居丈高で、横暴な態度をとるようになり、日本にたいして強硬な姿勢で臨むことになる。こうして喜ぶ人、呆然とする人、困惑する人がいれば、ひとりの人が喜びと不安をこもごも抱くようになったのです。ところで、海軍省と軍令部の大臣室、総長室の空気はほかとは違ったはずです。大臣と小声で語り合う次官、軍務局長の顔は蒼白となり、軍令部総長と次長は重苦しい表情で向かい合っていたにちがいありません。

ここで注意しなければならないのは、かれらは日記にも、覚書にも、そのような懸念を一言も記さないように注意し、それどころか、その不安を口にせず、まったくべつの心配を語るといったごまかしまでしました。さらに戦後の回想録のなかでも、そうしたことに一字も触れていないのです。

軍令部総長、大臣、かれらの部下たちは、まちがいなく陸軍はドイツの側に立って参戦するにちがいないと思いました。独ソ戦争が今月中にはじまり、ドイツ軍の進攻がつづくことになれば、大元帥である天皇が承認し、陸軍は大規模な動員をはじめます。七月の後期、遅くとも八月はじめまでに戦う用意を整えることになります。二年前のノモンハンの屈辱を晴らす機会が来たと陸軍幹部のだれもが思い、いまこそ「北方問題の根本的解決」の宿願を果たすときが来たと、陸軍軍人ばかりか多くの人びとが意気込むことになります。そしてソ連軍が国境を越えて攻撃をしてきたと主張して、戦いをはじめる口実にすることになります。いずれの国の参謀将校も必ずやろうとする常套の手段です。

しかし、ドイツ軍がモスクワとレニングラードを占領しても、ソ連軍を後方に追いやるだけのことになってしまったら、戦争は終わりにはなりません。そして日本軍がバイカル湖畔まで進攻できたとしても、中国共産軍も加わるソ連軍のゲリラ攻撃に悩まされ、第二のシベリア出兵になってしまう恐れは多分にあります。日本がドイツとともに第二の支那事変を抱え込むことになったら、恐ろしい限りの未来となります。

そして海軍の幹部がなによりも懸念したのは、海軍管理工場を明け渡し、陸軍のための兵器、弾薬を生産するようになり、なけなしの鋼材やアルミニウム、石油のあらかたが、二つ目の支那事変を抱えた陸軍のために費消されてしまうことです。

呉でつくっている第一号艦（大和）、長崎でつくっている第二号艦（武蔵）の竣工はずるずると遅れ、横須賀の船台にある空母や潜水艦の建造も目安が立たなくなり、海軍が大きな期待をかける中攻の名で呼ばれる一式陸上攻撃機の生産はゼロにもなりかねません。

軍令部と海軍省の幹部たちがなによりも恐れたのは、海軍の仮想敵、というよりは現実の敵となりつつあるアメリカ海軍が日本との戦いに備えて、十隻の戦艦の建造を開始し、八隻の正規空母を発注し、日本側の中攻よりも、攻撃力、防御力、すべてにわたって数段優れた戦略爆撃機、B17の大増産に懸命となっていることでした。

海軍省、軍令部の幹部たちが大島大使の第一報に顔色を変え、沈痛な表情になったにちがいないと想像するのは、途方もない場面、難儀な場面がだれの頭にも瞬時のうちに浮かんだはずだからです。

どうしたらよいのか。北に向かおうとする陸軍の顔を南に向けさせることしかありません。

それまで軍令部や海軍省の担当者たちは、南方地域を制圧する海軍の作戦計画を検討し、準備をしている構えを見せ、あれこれ大口を叩いていたのは、まもなく英国はドイツに降伏することになると思い、その後始末をするといった呑気な、虫のいい計画だったのです。そしてドイツに先を越されて蘭領東印度を押えられてはならないと言っていたのです。そこで六月六日の大島電報から五十日ほど前のことになりますが、ドイツ訪問から帰国した松岡洋右外相がそれこそ毎日のようにシンガポールをいまただちに攻略せよとしつこく迫るのに、海軍の関係者は手を焼き、誤魔化しと言い逃れを並べていたのが実状でした。

ところが、芳沢使節団が石油、ゴムなどを入手するために半年にわたって進めていた蘭領東印度のオランダ当局との交渉が決裂することは間違いない情勢となりました。蘭領東印度の油田はあらかたがアメリカ資本、英国資本だったのです。海軍内に強硬な主張が現れました。南部仏領印度支那に武力進駐し、南方問題を解決すべしと説く報告書を軍務局がつくりました。

それが海軍省部に配られたのが六月五日でした。翌六月六日の大島の外交電報が魔法の杖の一振りとなりました。若い奴らが強がりを書き並べただけだと冷たい目で見られるはずだった報告書が手に取られるようになりました。

本当のことを言えば、そんな報告書は必要なく、だれでも容易に見当がつく明日であり、明後日でした。フランス政府と交渉して南部仏印への日本陸海軍の進駐を認めさせる。そしてサイゴン周辺の航空基地に海軍航空部隊を送り込み、シンガポールの英国の軍事要塞に睨みをきかせ、蘭印を威圧し、日本が必要とする石油、ゴム、ボーキサイト、錫《すず》を供給せよと迫る。そこで海軍の幹部のだれもが覚悟しなければならないのは、アメリカが黙っているはずはないということでした。孤立無援の英国とその英国にある亡命オランダ政府を支えていたのがアメリカです。アメリカが日本にたいして経済制裁を仕掛けてくると覚悟しなければなりません。二年前の昭和十四年七月、日本が天津の英国租界を封鎖したのにたいして、アメリカは日米通商航海条約の廃棄を通告してきました。一年前の昭和十五年七月、アメリカは日本が北部仏領印度支那進駐を決定したときに、日本への航空燃料と高級鋼材とくず鉄の輸出をとめました。石油の輸出だけを残していました。南部仏印へ進駐したら、その残してあった石油の輸出を断ち切ることになるのは間違いありません。

アメリカが日本にたいして石油の輸出をとめるのではないかと真剣に恐れた四年前

の昭和十二年十二月の出来事を、海軍のしかるべき地位にいた者なら、だれも忘れていませんでした。パネー号事件のことです。

パネー号事件とはなんであったのかは第四章で説明することになります。

アメリカが英国、オランダと語らい、日本にたいして全面経済封鎖に踏み切るという予測があったからこそ、それまで海軍は陸軍が説く南部仏印への軍隊派遣に反対し、シンガポールを攻略せよと説く松岡洋右の主張を適当にあしらっていたのです。だが、独ソ戦争がはじまり、陸軍が参戦しようとするのであれば、背に腹は代えられません。

そこで海軍の幹部たちの頭脳に一番はじめに浮かんだはずの考えとなります。日本が南部仏印に航空基地をつくり、軍隊を送りこもうとしたら、アメリカは日本にたいして全面禁輸に打ってでるにちがいない。しかしとかれらは考えます。ドイツがソ連と戦いをはじめ、日本がドイツの側に立って参戦し、ウラジオストクを攻略しようとしても、アメリカは日本に全面禁輸を仕掛けてくるのは間違いない。アメリカ政府と国民はソ連と共産主義を嫌悪しているから、なにもしないだろうと自分に都合よく考えていたら命取りになる。

総長から大臣、かれらの部下たちが口には出さず、当然ながら文書にもせず、日記、手控えに記すこともなく、うなずくだけで理解し合ったのは、つぎのような見通しだったはずです。南部仏印に進駐して、アメリカからの石油が止まってしまったら、陸軍をして対ソ戦を完全に断念させることができる。そして封鎖をやめさせる道筋はぼんやりではあっても、先まで見える。ところが、ソ連と戦争をはじめたあとに、アメリカに経済封鎖をされたら、アメリカと外交交渉をしようとして、譲歩しようにも、打つ手はまったくない。ソ連との戦争をやめるとルーズベルトに言うのか。そんな約束ができるのか。それを約束すれば、ルーズベルトは元通り石油を輸出してやろうと答えるのか。

南部仏印に進駐することだ。経済封鎖をされて、アメリカと戦争すると主張する者はいまい。政府と宮廷、そして陸軍幹部のなかでも理性を持った軍人なら、勝ち目のない、引き分けで戦いを終わりにさせる甘い予測をたてることのできないアメリカと戦争をすると言いだすはずはない。永野とほかの海軍幹部はこのように思ったのでしょう。

そう考えて当然でした。アメリカがひとたび鉄鋼の生産を増やそうと決意したら、日本の数年分の生産量をたちどころに増やすことができるのですし、二年足らずのあいだに航空機の生産を十倍に増やす力を持っているのです。

こうして六月六日に大島電報を読んだ海軍首脳部のあいだでたちまちできた暗黙の合意は、南部仏印進駐を早急に決めなければならないということだったのです。

さて、大島大使の電報のあとから、政府と陸海軍の連絡懇談会が連続的に開かれました。

明治憲法は、各国務大臣、参謀総長、軍令部総長のそれぞれが天皇を輔弼《ほひつ》するといった古色蒼然とした仕組みとなっていましたから、政府と統帥機構とのあいだで、意見を調整するための連絡の場が必要であり、その連絡機関がさっぱり重みのない名前の大本営・政府連絡懇談会なのです。ついでに記しておきましょう。最高戦争指導会議といったもののしい名前となるのは、もはや勝つためにはなにもするすべのなくなった昭和十九年半ばになってのことでした。

六月十一日の連絡懇談会で永野修身はつぎのように説きました。「仏印、泰《タイ》に基地を造ることが必要なり。之を妨害するものは断乎として打って宜しい。たたく必要ある場合はたたく」*

「たたく必要ある場合はたたく」とは米英との戦争を避けるものではないという意思表明なのはいうまでもありません。永野修身の対米強硬主張のはじまりです。翌六月十二日、連絡懇談会で南部仏印に進駐すると決めました。駐独大使が独ソ戦争が近くはじまると告げてきてから六日あとのことであり、それから十日あとの六月二十二日に、ドイツはソ連との戦いを開始しました。そして大島大使からは、日本の対ソ参戦を望むドイツ外相からの電話があったことを伝えてくることになります。

永野修身が外交上の譲歩を願った七月三十日の上奏

繰り返し述べますが、海軍の幹部たちの覚書や日記を丹念に調べても、軍令部総長が南部仏領印度支那への進駐を望んだのはなぜだったのかの説明はでてきません。陸軍がソ連と戦争をするのを絶対に阻止しなければならない、そのためには南部仏印に進駐して、アメリカの禁輸を引き出してしまうことになるのもやむえない。毒をもって毒を制する狡猾な戦術、しかも危険極まりない行動にでたのですから、口に出せるはずはなく、ましてや記録に残すなどするはずもありませんでした。

戦後の研究者が誤解することになるのは、軍令部総長の永野が海軍大臣の及川古志郎や自分の部下たちに、私は首相や陸軍首脳を前にしてこのように喋るが、自分の本心はこういう狙いなのだといちいち説明しなかったからでした。おまけにかれの部下の海軍幹部たちが海軍の真意を隠すために、総長は好戦的だと言ってみせ、意気盛んな総長には困ったものだと眉を寄せてみせたりしました。そして戦後になれば、かつ

＊防衛庁防衛研修所戦史室「戦史叢書　大本営陸軍部・大東亜戦争開戦経緯〔4〕」朝雲新聞社　昭和四九年　一一九頁

ての海軍軍人は戦後早く死んだ永野を主戦派にしてしまうひとつの定式に従うことになったのです。

そうしたことはともかく、七月二日に御前会議が開かれ、その年の最初の「国策要綱」が決められました。このような会議には慣例に従い、枢密院議長が出席します。天皇の「至高の顧問の府」である枢密院は昭和のはじめには内閣いじめに熱を上げたこともありましたが、いつか盲腸的な存在となっていました。枢密院議長は原嘉道《よしみち》、御前会議で最年長者、七十四歳でした。かれはずっと弁護士でした。司法大臣をやったことがあり、そのあと昭和六年から枢密顧問官、昭和十五年に議長となりました。かれが御前会議の質問者となります。会議のあいだ、天皇は口を開かないのがしきたりです。

ところで、原嘉道の発言はかれ個人の考えを表明するものではありません。前もって木戸内大臣と打合せをした上での質問、主張になります。とはいっても、木戸から書面を渡されるわけではありませんし、もちろん、枢密院議長は木戸の部下でもありません。原は自分の考えを加えることにもなります。そこで原が語る主張のなかには、木戸が本心では望んでいないこともあります。それはともかく、原の主張は内大臣の考えということになり、原が天皇に代わって「時局処理要綱」あるいは「国策要綱」「国策遂行要領」に賛成の表示をするという形をとるのです。

原は「私はソ連を打つの好機到来を念願してやまざるものであります」と語り、「仏印をやれば、対英米戦は起こると思うが如何」と問いました。出席していた海軍の幹部たちはいずれもこれはまずいぞと思い、アメリカとの衝突の恐れはないと説いて回らねばならない、なによりも南部仏印進駐を認めさせるためのフランスとの交渉を急げと督励しなければならないと慌てたにちがいありません。

七月二日の御前会議から五日あとの七月七日、天皇は陸軍の五十万の動員召集を裁可しました。未曾有の大動員がはじまりました。兵籍にある在郷軍人の召集をすることになりますが、「充員召集」といった正式の動員の形をとらず、すぐに郷里に戻すといった感じのある「臨時召集」にして、本人や家族の不安を薄めようとしました。本当は戦時、もしくは事変が起きたときに臨時に在郷軍人を召集するのが臨時召集でしたが、六カ月、十カ月で召集解除になるわけではなかったのです。

隠しおおせるはずはないのですが、それでもできるかぎり秘密にするための努力をしました。令状を電報で届けることを止めました。電報配達夫の赤い自転車がこちらに来るのを見れば、だれもがどきりとします。親兄弟の危篤を伝えに行くのはどの家だろう、それとも、どこの家に召集令状が来たのだろうと思うからです。だれの注意も引かない郵便配達夫に令状を運ばせることにしました。

旗や幟を立てての歓送会、壮行会はすべて禁じました。駅までの見送りは家族だけとしました。だが、駅に行けば、そこにもここにも、小さな人の輪ができていました。旗の波に囲まれることもなく、万歳の叫びがこだましなくても、出征する人と見送る人たちの別れの場であることは一目瞭然でした。そして長い下り列車はいずれも兵士たちを満載した軍用列車でした。来月、八月にはソ連との戦争がはじまるのだろうかと二人の子供とともに残された妻が案じ、今度も無事に戻ってくるのだろうかと息子の二度目の出征を見送った母親が胸を痛め、二カ月前に除隊になったばかりなのに、また召集なのかと嘆く父親がいて、村にも、町にも重苦しい空気が立ちこめました。

七月二十一日に連絡会議が開かれました。じつはこの集まりから、大本営・政府連絡懇談会は大本営・政府連絡会議と名称を変えたのです。懇談会では威厳と格式があまりにも欠けると思ってのことでした。これが第三次近衛内閣最初の連絡会議となりました。第三次となったのは、こういうわけからでした。シンガポールを攻撃せよ、ソ連と戦えとくるくると主張を替えるばかりか、アメリカとの外交交渉に水をさそうとする外務大臣の松岡洋右を外すために、一度、総辞職をしなければなりませんでした。前に言いましたように、各国務大臣はひとりひとり天皇に輔弼の責任を負っていますから、首相が外務大臣を罷免することはできないのです。

そこで総辞職のあと、再度、近衛文麿に大命がくだり、第三次近衛内閣の組閣という面倒な手順を踏み、海軍出身の、アメリカとの和解を望んでいる豊田貞次郎を外務大臣としたのです。

ところで、永野修身は外務大臣が松岡洋右から豊田貞次郎に代わったからもう大丈夫とはこれっぽっちも思いませんでした。陸軍の大動員はいよいよ急ピッチです。陸軍は来月半ばには対ソ戦争を開始するのではないかと不安で一杯となりました。その七月二十一日の連絡会議で永野は首尾一貫しない、滅茶苦茶な意見を述べました。海軍はアメリカにたいして、「明年後半期にはもはや歯が立ちかねる。その後は益々悪くなる」と恐ろしい予測を語って、「今日、決意するなら、フィリピンも容易に取れる」と言ったのです。

そのとき永野は陸軍の対ソ戦を阻むことができなくなるのではないかと焦っていました。フランス政府が南部仏印への日本軍の進駐を認めようとしなかったことから、陸軍が南部仏印進駐をさきに延ばせと言いだしました。陸軍は、対ソ戦を開始する魂胆なのは間違いないと永野は恐れたのです。ところが、その翌日の七月二十二日にフランスが受諾を正式に回答してきて、翌二十三日、南部仏印進駐の発進命令が陸海軍の部隊に出されることになります。

ほっとしたのも瞬時のあいだです。政府、軍、天皇、そして国民のだれをも不安のどん底に陥れる通牒とニュースが矢継ぎ早に届くことになります。まずは仏印から撤兵せよとアメリカ政府が日本政府に言ってきて、その二日あとの七月二十五日、アメリカは日本の在米資産凍結を決め、実施は下部機関に任せるような形をとって、いたって曖昧な石油供給停止の措置をとりました。翌二十六日に日本のすべての株式は暴落し、兜町の先行き指標となる新東株は大恐慌の底だった昭和六年の最安値に落ち込みました。政府、陸海軍、宮廷、そして国民の胸中をそのまま写したように、二十八日、二十九日、三十日、関西から関東にかけて夏とはほど遠い冷気と冷雨がつづきました。天保の大飢饉のときの天候とそっくりなのだとだれかが不安を語ったことが新聞に載って、農林大臣の井野碩哉《ひろや》が八月一日にラジオで稲作に心配はないと言わなければならなくなりました。

アメリカ、英国、つづいてロンドンのオランダ亡命政府が日本にたいして石油の全面禁輸に踏み切ったという事実がはっきり形となりました。カリフォルニア、テキサス、英国領ボルネオ、オランダ領スマトラから日本への石油の輸出は完全に止まりました。

さて、海軍は陸軍の対ソ戦を九分九厘阻止したものの、対米戦を目の前まで招き寄せてしまいました。前に見たとおり、海軍首脳部がそのときまで考えていたのは、ソ連と戦争をはじめたあとの経済封鎖ではなく、南部仏印進駐のあとの経済封鎖なら、封鎖をやめさせる道筋は見えているということのはずでした。繰り返しになりますが、そう考えてこそ、永野修身が率先して、南部仏印進駐を叫んだのでした。

永野修身がいてこそ、本当に陸軍の対ソ戦争を食い止めることができたのかどうかは、いまとなっては永遠の謎です。それはともかく、六月六日から七月末までの日本の主役はまさしく永野だったのです。同じときにアメリカの主役はだれだったのでしょう。どんなことをしたのでしょう。

軍令部総長の永野修身が陸軍の対ソ戦争を阻止しようとして、アメリカの全面禁輸を引き出すまでのことをやったまさにそのとき、ルーズベルト大統領の懐刀、ハリー・ホプキンズはロンドンにいました。

ホプキンズについて説明しましょう。ニューヨーク市の公共福祉事業に関係し、ニューディール政策推進の一員となったことが、ルーズベルトの目にとまり、出世するきっかけとなりました。アメリカは「民主主義の兵器廠」になるとルーズベルトが説いた武器貸与法なるものが一九四一（昭和十六）年三月につくられました。ホプキンズはその兵器廠で製造される軍需品の同盟国への配分者になり、アメリカは全世界に事実上、大同盟を構築することになるのです。こうしてかれはチャーチルからは頼りにされ、スターリンからはただひとり信頼できるアメリカ人と言われるようになり、蔣介石の姻戚であり、国民政府の財政部長であり、中央銀行を支配していた大富豪、宋子文と密接な関係を結ぶようになり、在任最長記録を保持するだけのハル国務長官など歯牙にもかけない力を持つようになりました。統帥部の責任者に交じり、戦略計画を定める最高会議に出席し、口出しするようにもなります。

さて、ルーズベルトの文字通りの右腕、ニューディーラー上がりのこの人物は、政府部内でも飛び抜けたソ連好きなのは不思議はないとして、二位に落ちることのない日本にたいする悪感情の持ち主でもありました。公私ともにその関係を深めていた宋子文から日本憎しの話を聞かされてのことでした。徹底した日本嫌いは国務省のホーンベック、そしてハルだけではなかったのです。

前に戻りますが、ロンドンにいたホプキンズはルーズベルトに電報を打ち、「ロシア軍を持ち堪えさせるためにあらゆる手段を講じるべきだと思う。個人的特使として、あなたの名前で直接にスターリンに呼びかける」*と言いました。そして七月三十日にモスクワに到着しました。ソ連をして戦争を継続させるために、アメリカが供与する軍需品と食料のリストの作成をスターリンと協議しました。

まさにアメリカが日本にたいして全面禁輸をしたときだったのです。

まだつづきがあります。かれはドイツ空軍の目を逃れ、再びスカンジナビア半島を迂回して空路、英国の軍港に着き、チャーチル首相とともに戦艦プリンス・オヴ・ウェルズに搭乗して、アメリカ東海岸沖でルーズベルトが乗艦する巡洋艦オーガスタと落ち合い、米英首脳の会談に臨席します。ルーズベルトはチャーチルに向かって、ワシントンに戻ったら、日本政府に強硬な文書を渡すと約束したのです。**

さて、日本側の六月はじめからの主役、自国の陸軍の行動を抑えようとして、覚悟の上とは言え、アメリカによる経済封鎖を現実のものとしてしまった哀れな主役、永野修身のことに戻ります。アメリカに経済戦争を仕掛けられたことがはっきりした七月二十九日、永野は侍従武官長にこのあと上奏する予定の内容を語りました。

「三国同盟があるかぎり、日米交渉はまとまりません。石油の供給がとまってしまって、その備蓄はじりじりと減少していきますから、いまただちに戦うしかありません。戦ってどうなるか。作戦計画書には勝つと書いてありますが、先のことになれば話はべつです。こういうことをお上に申し上げるつもりです」

本当の話をすれば、自動参戦の義務がなく、しかも日本がドイツ側に立ち、ソ連と戦う意思がないのであれば、三国同盟とは名ばかりの条約でした。名ばかりの条約と言えば、条約を結ぶにあたって、はじめの構想はまったく違っていました。ソ連を加えて四国同盟をつくろうという日独両国が合意した目標があったのです。ところが、ドイツがソ連と戦争をはじめてしまい、それこそユーラシア大陸が結合して、アングロサクソンの世界に対抗する戦略構想は消えてしまい、しかもドイツの攻撃がソ連を

＊　ロバート・シャーウッド　村上光彦訳「ルーズヴェルトとホプキンズ　I」みすず書房　昭和三二年　三四七頁

＊＊　J・F・C・フラー　中村好寿訳「制限戦争指導論」原書房　昭和五〇年　四〇五頁

崩壊させることができなければ、ソ連とアングロサクソンの強大な同盟ができることになってしまい、三国同盟は名ばかりの条約どころではなく、結んではいけなかった条約となってしまっていたのです。

名ばかりの同盟でしたが、海軍は小さな、小さな秘密を持っていました。これまた余計な話になりますが、語っておきましょう。

永野修身と関係部署の海軍軍人が知るだけのことであり、はたして陸軍に告げていたのでしょうか。そのときドイツの仮装巡洋艦がインド洋で大暴れして、英国の輸送船を沈め、ときには船員、乗客ごと拿捕《だほ》していました。この仮装巡洋艦が事実上、日本の領土である南洋群島の礁湖のひとつに入ります。日本の港から出港し、中立国の旗を掲げたドイツの輸送船がこの礁湖に入ります。仮装巡洋艦は食料、水、燃料の補給を受け、戦利品、ときに病人、怪我人を輸送船に移しました。英国海軍とアメリカ海軍は南洋群島内にドイツの仮装巡洋艦の補給基地があると睨んでいましたが、南洋群島に散らばる環礁のどれがランデブーの場所なのか皆目わからなかったのです。

日本が対ソ戦争に踏みださないかぎり、日独同盟の実体のある中味とはこの程度のものでしかありませんでした。ところが、ルーズベルトは英国とソ連にたいして、さまざまな方法で大々的な援助をはじめていましたし、英国とは同盟条約も結んでいないのに、もちろん、まだ参戦もしていないのに、ルーズベルトはチャーチルと全世界を三つの戦略区域に分け、米英両国軍の分担を定め、合同参謀長会議を開くといった力の入れようでしたから、ついつい日独同盟の実態を買いかぶってしまったのです。

首相の近衛文麿は三国同盟を「名存実亡」にしてしまうつもりでいました。そして永野修身は「三国同盟があるかぎり、日米交渉はまとまりません」と天皇に説きました。だが、それだけでアメリカとの関係を元通りにすることができないのは、近衛、永野ははっきり承知していました。そして前にも記したとおり、永野とかれの部下たちは、アメリカに経済封鎖をやめさせる道筋はぼんやりとではあっても、先の先まで見えていたはずだったのが、その道の入り口に立って、立ちすくむことになりました。

アメリカは南部仏印からの撤兵を再度要求してくるだろう。それだけで済むか。アメリカは原則論を唱え、「領土の保全と各国すべての主権の尊重」といった抽象文句を掲げるのにとどまってはいるが、交渉を引き延ばした末、戦争準備が整ってから、両国の関係を正常化するための条件として、南北仏印からの撤兵、中国からの撤兵をも要求してくるにちがいない。

ところが、「たたく必要ある場合はたたく」と陸軍代表の前で大見得を切ったのは、ほかのだれでもない永野でした。それから一カ月あとの七月二日に定めた「帝国国策要綱」には「対米英戦ヲモ辞サナイ」との文言を入れ、さらにその二十日足らずあとには「明年後半期にはもはや歯が立ちかねる」と泣き言をこぼしながら、「今日、決意するなら、フィリピンも容易に取れる」とまで言って、南部仏印に軍隊を送るべきだと主張したのも永野でした。それから僅か一週間あと、仏印から撤兵して、アメリカのご機嫌を取り結べなどとは口が裂けても言えるはずがありません。ましてや中国から撤兵しなければならないとは、寝言にも言う訳にはいかなかったのです。封鎖をやめさせる道筋は先の先まで見えていたはずが、前に記したとおり、その入り口から一歩も進むことができないことに気づきます。

永野修身は国内力学の重心、宮廷の絶対的な力を借りる以外にこの道を進むことはできないとはじめから承知していました。そこで永野がしたのは、勝つことのできない戦いをするしかありませんと天皇に言上することでした。天皇がびっくりし、アメリカとの戦争を回避するためにはどうしたらよいのかと内大臣に問い、首相、外務大臣に問う。永野はそれを望んだのです。こうして七月三十日午後三時、永野は参内して、前日に侍従武官長に内報した問題を天皇に奏上しました。

天皇はまず侍従武官長に尋ねたでしょうか。宮廷における陸軍代表であるだけの侍従武官長の蓮沼蕃は、よその家のこと、海軍統帥部のあれこれに口をはさむといったお節介は決してしません。はじめから天皇は蓮沼に相談はしなかったのでしょう。

天皇は内大臣、木戸幸一に向かって、永野は三国同盟に強く反対の考えを持っているようだ、これがあるかぎり、日米国交調整は不可能だと見ているようだと語ったのです。

木戸はそのような譲歩には絶対に反対です。なぜ反対なのかは木戸について論じる第八章で説明します。かれは反対だと口には出さず、天皇の不安を取り除こうとしました。永野の意見は「余りに単純」だと言上しました。「米国としては国際条約を極めて尊重する国柄なれば、今日之を日本が廃棄することが果して米の信頼を深むる途なりや、或は軽蔑を買うこととなるにあらざるや、頗《すこぶ》る疑問」でありますと説いたのです。

木戸はつづけて、「日米国交調整については未だ幾段階の方法あるべく、粘り強く建設的に熟慮するの要あるべし」と述べ、「この点篤《とく》と首相の考慮を促すことに致すべし」と言上しました。海軍大臣、及川古志郎をお召しになられてはどうかと助言もしたのでしょう。

天皇は及川を呼びます。かれに向かって永野が説いたことを告げ、永野は「日本海々戦の如き大勝は勿論、勝ち得るや否も覚束なし」*と語ったにもかかわらず、それでも戦わなければならないと言ったのだ、永野は「捨ばちの戦」をするつもりだ、海軍大臣はどう考えているのかと尋ねました。

＊編者　木戸日記研究会「木戸幸一日記　下巻」東京大学出版会　昭和四一年　八九五頁

及川は天皇に向かって、永野は口下手なのだと弁解した上で、それは永野個人の考えだと言上しました。及川は永野と前もって協議を済ませていなかったのでしょう。しかし、及川は永野の望んでいることが自分の望んでいることと同じなのを承知し、永野が胸のなかにある願いを口にだせないのは自分も同じだとはっきりわかっていたのです。なんであれ、及川は永野が説いた対米関係を元に戻すためには大きな譲歩を覚悟しなければならないという主張を擁護しなければいけませんでした。天皇に向って、永野の提案をどんな形であれ支持しなければいけなかったのです。ところが、及川は永野の主張をかばうことをしなかったのです。

それから二カ月半あとの十月の半ば、近衛内閣退陣のときに及川は海軍大臣を辞めるに際して、後任となる横須賀鎮守府司令長官の嶋田繁太郎になんの申し継ぎもせず、金庫のなかに書類が入っていると語るだけのおよそ無責任な態度をとって平然たるものでした。たしかに及川の前任の吉田善吾も申し継ぎをしませんでした。しかし、吉田はドイツとの同盟に反対をつづけたものの、孤立無援となって、鬱病に罹り、入院していました。及川はそれを言い訳にするわけにはいきません。では、もうどうにもならない、アメリカと戦争するしかない、いまさら嶋田になにを言ってもしようがないと及川は思っていたのでしょうか。本当はそうではなかったのでしょう。戦争回避のために自分がなにもしなかった、逃げて回っていただけだったことを明らかにするだけとなるから、なにも言わなかったのです。

もう少し、及川古志郎について記しておきましょう。明治十六（一八八三）年の生まれです。米内光政と同じ、岩手県出身ですが、生まれたのは新潟県の長岡でした。父親は盛岡に転勤となる前、長岡病院の院長でした。幼時の山本五十六がこの病院で診てもらったことがあったのだそうです。海軍兵学校は三十一期、米内光政が二十九期、山本五十六が三十二期でした。

海軍兵学校の卒業席次が海軍将校の一生を支配するとはよく言われることですが、その例外が及川と米内でした。米内は百二十五名中の六十八席、及川は百八十八人中の七十六席でした。米内は海軍内の武断勢力に対抗できる人物と見込まれ、海軍出身の宮廷高官と、駐米大使、駐英大使を歴任し、そのあと宮内大臣となる松平恒雄に高く買われていたことが、最高の地位に上がることになった理由でした。及川は顔だちが良く、長身であることが見込まれた理由でした。東宮侍従武官だったのが大正四年から七年間にも及びます。かれの外見を買ったのは伏見宮です。東郷平八郎元帥の亡きあとに海軍の人事に強大な発言権をもつようになった伏見宮のお気に入りとなったからこそ、かれの出世、昇進はあったのです。

その及川に危機に直面しての勇気と決断力があったのであれば、伏見宮の眼識が改めて称賛され、終わりよければすべて良しで、山梨勝之進、藤田尚徳、堀悌吉といった国際協調を唱えた提督たちを追放した過去の過ちも水に流されることになったでしょう。だが、及川も兵学校の席次が一位、二位の平時の秀才たちと変わりありませんでした。昭和十六年十月一日にかれは近衛首相に向って、「米国案を鵜呑みにするだけの覚悟で進まなければならぬ」と激励しました。ところが、かれ自身はどうでしょう。卑怯な言い草をそれに似合いの汚い言葉で語りました。近衛首相に「下駄をはかせられるな」と部下たちに言ったのです。海軍を使って陸軍を抑えさせようとする首相の狙いに引っかかるなという注意でした。及川はアメリカとの戦争の回避を願いつづけながら、そのためになにひとつしようとしなかったのです。

それから三年あとの昭和十九年には、及川は大海軍と日本が壊滅していくのを見ているだけの軍令部総長になり、海軍大臣だった昭和十六年八月、九月、十月と同じように無為の毎日を過ごすことになります。

永野修身のことに戻れば、昭和十六年八月のはじめ、かれはアメリカとの外交交渉妥結のためにこちらが譲歩しようと望んだのにたいし及川古志郎には小狡く逃げられてしまい、木戸幸一からは鼻であしらわれました。つぎに永野は同じ八月の末に、アメリカとの戦争回避を定めた「国策遂行」案を提案しますが、三日あとには断念せざるをえなくなります。これはつぎの章で述べます。

高松宮が八月のはじめにしたことについて語らねばなりません。

高松宮は八月五日になぜ天皇に対米戦を説いたのか

昭和十年代のはじめから、この昭和十六年八月はじめまでのあいだ、天皇が懸念し、心配をつづけた一週間から十日の境目をあげるとなれば、昭和十一年の二月の末、昭和十二年の十二月、昭和十四年の八月下旬、そしてこの昭和十六年の七月末から八月のはじめということになると思います。昭和十一年は二・二六事件、翌年の十二月はパネー号事件、昭和十四年八月の下旬は独ソ不可侵条約が締結されたときです。この三つについては、木戸幸一について述べる第八章、山本五十六を語る第四章でそれぞれ記さねばなりません。

そこで昭和十六年の七月末から八月はじめのことをここで語ります。前に見たとおり、アメリカが日本に経済戦争を仕掛けてきた七月二十五日から、国民のだれもが不安のどん底に陥ります。そして海軍、陸軍、政府、宮廷内の人びとは息詰まる日々を送ることになります。解決策を探し、首相は日米首脳会談の構想をたてます。ところが、内大臣はそれに対抗して、臥薪嘗胆《がしんしょうたん》策を提示することになります。

近衛、そして木戸がやったことはこのあと見るとして、八月五日の出来事から記しましょう。その日に高松宮が天皇に説いた主張が天皇をひどく驚かせ、大きな波紋をひろげることになります。

それより三日前のことになります。八月二日の夕刻、関東軍情報主任参謀、甲谷悦雄から参謀本部第五課への直通電話があり、満洲東部正面のソ連軍が無線封鎖にでたと告げてきました。海軍の戦隊が出撃に先立ち、無線封止をするのと同様、戦いをはじめようとする陸軍の進攻軍はその行動を隠匿するために無線を封鎖します。

ソ連との戦争になれば、関東軍が主戦場と考えていたのは満洲東部正面です。ソ連軍がそこに先制攻撃を開始するのだと関東軍司令部は極度に緊張します。参謀本部は大騒ぎとなります。当然でした。陸軍が大動員をはじめたときのことになります。参謀本部は日ソ戦の軍事計画をつくりました。満洲の厳寒は十一月にはじまり、大規模な作戦は不可能になります。満洲東正面のハバロフスクを攻略し、シベリア鉄道を遮断するといった作戦は、十月の中旬までに終わらせなければなりません。参謀本部は八月十日に開戦決意をする、そして八月下旬に作戦を開始する。このように決めていました。だが、アメリカの経済封鎖に直面して、まだ正式には決めてはいませんでしたが、すでに参謀本部の幹部たちは対ソ戦争を断念していました。ところが、ソ連側は関東軍の攻撃が近いと思い込み、先手を打とうとする考えのようです。明日にもソ連空軍が満洲各地の航空基地を爆撃するのではないかとだれもが総毛立ちました。

関東軍司令官の梅津美治郎から参謀総長に宛てて、電報が届きました。「ソ軍の大挙空襲の場合は中央に報告するも、逸機の恐れある時は独断進攻を予期す。あらかじめ承認を請う」

参謀本部は陸軍省の関係部門の責任者とともに会議をつづけます。八月三日の午前二時、杉山元参謀総長は関東軍司令官の梅津美治郎に宛てて、「中央は関東軍の慎重なる行動を期待す」と返電し、そのあとも参謀本部第一部長、第二十班長、陸軍次官、軍務局長の四人が払暁の協議をつづけました。午前五時になって、「ソ側の真面目なる進攻に対しては機を失せず応戦するとともに廟議は速やかに開戦を決意するごとく措置する」*という案を定めました。

じつを言えば、満洲東部正面のソ連軍が無線封鎖をしたというのは、関東軍の早とちりでした。デリンジャー現象が原因で、ソ連軍の短波無線通信が突然聞こえなくなり、それが数時間つづいただけのことだったのです。** すぐにその事実を参謀本部に伝えたはずです。徹夜を強いられた陸軍中央の幹部たちはとんだ枯れ尾花だったと苦笑いをしたあと、油断大敵と念じることにして、海軍と政府にその早合点を隠すことにしたようでした。

* 防衛庁防衛研修所戦史室「戦史叢書　関東軍〔2〕」朝雲新聞社　昭和四九年　五七〜五八頁
** 編集　軍事史学会　防衛研究所図書館所蔵「大本営陸軍部戦争指導班　機密戦争日誌　上」錦正社　平成一〇年　一四一頁

同じ八月三日の午後に陸軍はこの開戦案を海軍と政府に伝えます。海軍大臣の及川古志郎と軍令部総長の永野修身、海軍出身の外務大臣の豊田貞次郎、かれらの部下たちは、アメリカの経済封鎖が陸軍の対ソ戦争を断念させたと思っていただけに、声を失う驚きようです。「開戦を決意すること」に絶対反対と陸軍に告げます。ソ連側は威しをかけてきただけなのかもしれない、関東軍は虚勢を張ってみせているだけなのかもしれない、しかし、錯誤と誤解がぶつかって、戦争になるのは歴史の常です。海軍幹部はこんな具合に思ったのでしょう。

　参謀本部第二十班長はその日の日誌に海軍の不戦態度にたいする憤懣を書きつらね、「不誠意不純真なること甚し。軍人精神ありやと云い度*」と記しました。

　翌八月四日、ソ連軍の攻撃はありませんでした。陸軍の幹部たちはまだまだ油断はならぬといった態度をとってみせたのでしょう。そして海軍の幹部たちは不安で一杯だったのでしょう。その日の夕方、首相の近衛文麿は官邸に陸軍大臣の東条英機と海軍大臣の及川古志郎を招きました。自分がホノルルに赴き、ルーズベルト大統領とじかに話し合う、そして日米間の危局を一挙に打開し、障碍《しょうがい》を取り除く考えだと説いたのです。

　危険極まりない事態となったと近衛は思ったのでしょう。アメリカに経済戦争の火蓋を切られ、日本経済は土台から大揺れです。この危機をもたらしてしまった南部仏印進駐の主唱者、軍令部総長の焦慮のさまはまさに危険極まりありません。この大きな危機のさなかにソ連軍が攻撃を仕掛けてくる気配となり、陸軍省と参謀本部がどのような対応をするかもわかりません。

近衛は陸海軍の最高責任者を落ち着かせることがなによりも大切と思い、急がねばならないと考えました。こうして近衛は日米首脳会談の計画を陸海軍大臣に説いたのです。海軍はその日のうちに首相の外交計画に全面的に賛成すると意思表示をし、陸軍は文書で賛成すると回答してきました。首相が陸軍を犠牲にしてアメリカに譲歩をすることを恐れ、いくつかの条件を付けてきたのです。

翌八月五日の朝も新京の関東軍司令部から緊急の電話はありませんでした。あるはずはなかったのですが、杉山元とかれの部下たちは緊張した面持でまだまだ油断はならぬと言ってみせたのでしょう。その日の夜に皇居ではニュース映画を観る集まりがあり、高松宮が出席しました。映画のあと高松宮は天皇としばらく話し合いました。前に記したように、高松宮が説いた主張が天皇をひどく驚かせ、大きな波紋をひろげることになります。

＊防衛庁防衛研修所戦史室「戦史叢書　大本営陸軍部・大東亜戦争開戦経緯〔4〕」朝雲新聞社　昭和四九年　三〇七頁

その日に起きたことは高松宮が日記に記しています。それを読むかぎり、天皇をひどく驚かせ、心配させたといった出来事はなにもありません。その日の日記の全文をつぎに掲げます。

「夏らしくなる。横空（横須賀海軍航空隊）へ。夕方皈京。

一九〇〇、久し振りで宮城のニュース映画に上る。日米国交調整をシキリに御望みだった。オハの石油で何んとかならぬかとの御考えの様だったが、季節のこともあり、陸軍や商相はシキリに北方関係だから、二〇〇万トンとれるといって宣伝しているけれど、結局南北両方になっては仝《おな》じ事だから、それに北で米国が黙っていればよいが、そうでもなさそうだと同じこと以上になる。

M1実験、良くいた《ママ》った由*」

「M1実験」は注の説明がないために、私にはどういう実験なのかわかりません。

さて、天皇がソ連領の北樺太のオハ油田に期待を懸けていたことはこの日記の記述からわかります。こういうことでした。アメリカから経済封鎖をされたがために、ソ連との戦争は絶対に避けなければならなくなりました。新しい外務大臣の豊田貞次郎は駐日ソ連大使を招き、日本側に戦争の意思はないと説いて、ソ連大使を安心させました。政府と統帥部との連絡会議ではオハ油田を買収せよ、割譲させよといった議論になりました。天皇はそうした論議を首相、外務大臣、陸軍大臣から聞いたのでしょう。

しかし、そのような交渉をソ連とはじめても、蘭印の石油取得の交渉と同じようにずるずると引き延ばされるだけとなるかもしれません。そして北樺太の早い冬になってしまえば、積出し港は凍結し、日本へ石油を輸送できなくなります。海軍はオハの石油さえあればと思ったことはありません。高松宮も考えは同じです。しかもソ連と交渉をはじめたら、ソ連に援助を与えはじめているアメリカが横槍を入れてくることも考えられます。高松宮が日記に「結局南北両方になっては仝《おな》じ事だから、それに北で米国が黙っていればよいが、そうでもなさそうだと同じこと以上になる」と記したのは、わかりにくい書き方ですが、こうした懸念を記したものでしょう。

ところで、高松宮と天皇とのあいだの実際の会話は、天皇がアメリカとの国交正常化を願い、北樺太の石油でどうにかならないかと語っただけではなかったのです。高松宮は天皇に向かって、アメリカとただちに戦わなければならないと説き、なにをとんでもないことを言うのかと天皇がひどく驚いたのが、そのニュース映画会あとの出来事だったのです。

その夜、天皇は床に就き、あれを考え、これを考えて、眠れなかったにちがいあり

＊　高松宮宣仁親王「高松宮日記　第三巻」中央公論社　平成七年　二七五～二七六頁

ません。満洲国境の極東ソ連軍の対独戦線への輸送が少ないという情報があってから、つづいてアメリカが日本にたいして経済封鎖をしてしまってから、天皇はソ連との戦争に反対の態度をとるようになりました。ところが、ソ連軍が満洲に空襲を仕掛けてくるかもしれないという情報です。そのあと天皇は杉山からあれは間違いでしたとはっきり説明を受けなかったのでしょう。

そこへ高松宮の爆弾発言です。アメリカが日本にたいする石油の輸出を止めた直後の七月三十日、軍令部総長は「勝ちうるや否も覚束ない」が、「この際、打ってでるしかない」と説き、それから一週間あとに今度は高松宮が戦うしかないと言ってきました。大臣の及川は軍令部が戦争をしようとしていることに気づいていないか、隠しているのだ、軍令部は密かに戦う決意を固めたのだと天皇は思ったのです。日本はアメリカと戦い、ソ連とも戦うことになってしまうのではないかと天皇の心配はふくらむばかりです。

翌八月六日、大本営・政府連絡会議が開かれ、陸軍が提案した「日ソ間ノ現情勢」にたいしての「採ルベキ措置」を討議することになりますが、八月三日の陸軍案の中身を改め、穏便なものにしました。当然です。前に記したとおり、ソ連軍先制攻撃が迫っているとの情報は誤りでした。参謀総長の杉山元はそれを隠し、開かなくてもいい会議を開き、決める必要のなくなった「採ルベキ措置」を決めるのですから、その

「措置」を当たり障りのないものに変え、「日ソ開戦ニ至ラザル如ク努メテ之ヲ局部的ニ防止スルモノトス」として、当たり前でした。

そんなこととは知らない及川海軍大臣は陸軍側が条文だけを穏和にして、海軍を騙しにかかっているのだと疑いました。ソ連少数部隊の越境というならともかく、ソ連空軍がこちらの航空基地を爆撃して、紛争を局地的なものに抑えることができるはずはありません。陸軍中央の主戦派、田中新一第一部長、陸軍省の富永恭次人事局長といった強硬派と関東軍の対ソ戦を望んでいる連中は戦いをはじめるつもりでいるにちがいないと気が気ではありません。「大事を起こさぬように」と繰り返し杉山総長に念を押し、豊田外務大臣と近衛首相もそれぞれ懸念を表明しました。

そのあとに杉山元は参内し、連絡会議で決まったことを天皇に報告し、「ソ軍航空機大挙来襲の場合に於ける進攻に関し関東軍司令官に与うる命令」の裁可を求めました。「わかった　已むを得ざることとして認める、兎角陸軍は手を出したがる癖があるから謀略などやらぬ様に特に注意せよ」

「承知致しました　此点は御心配には及びません」*

天皇は杉山元と梅津美治郎の二人を信頼していましたが、永野修身と高松宮を警戒

＊　編者　参謀本部「杉山メモ　上」原書房　昭和四二年　二九一頁

していました。そこで海軍が対米戦争をはじめるのではないかという心配は消えません。杉山との一問一答が終ったあと、侍立していた侍従武官長の蓮沼蕃が天皇に代わって杉山に向かい、海軍は最近、南方問題を解決すると決めたと言っているようだがと探りを入れました。そうした事実はないと杉山は答えました。* かれは前夜の高松宮の戦争発言をまだ知らなかったのでしょう。

翌八月七日の午前中に天皇は軍令部次長の近藤信竹を召します。軍令部内の状況を聞いたのでしょうが、総長の永野修身は参内できない理由があったのでしょうか。主戦論者の永野修身の話は信用できないと思って、天皇は次長を呼んだのでしょうか。ところで、天皇は大変に気がかりな問題がもうひとつ、ありました。天皇はそれを侍従武官に直接告げたのだと思います。次長にも語ったのでしょうか。大きな心配は、高松宮が十日間の艦船勤務に就くことでした。翌八月八日に高松宮は横須賀から飛行艇で大分県の佐伯湾まで行きます。佐伯湾は大正の中期から艦隊の作業泊地になっています。そこから高松宮は戦艦、比叡に乗艦します。一年足らず前の前年十月十一日に紀元二千六百年の特別観艦式が横浜港沖で挙行されたときの御召艦が比叡でした。特別観艦式の指揮官は山本五十六海軍中将でした。

ところで、高松宮の比叡乗り組みがどうして天皇の不安を呼んだのでしょう。海軍次官の沢本頼雄が八月七日の日記につぎのように記しました。「△高松宮意見、8—

5殿下は陛下に拝謁せられ、じり貧になる故速に断乎たる所置をとるべしと述べられ、陛下の持久戦になって困らずやと反問に対し、その時は又その際取るべき所置あるべしと御返事あり。殿下は本日出発、艦隊を視察せらるるに付、鮫島武官より松本武官に対し、艦隊の意見を殿下が指導あらせられ、又は抑圧せらるる如きことなき様注意を述ぶ」**

沢本が「殿下は本日出発」と記したのは、天候が悪化する気配だったので、一日早く出発することになったと沢本は聞いてのことだったのでしょう。ところが、天気は大丈夫ということで、再び出発は八日となりました。そこで天皇はなにを警戒したのでしょう。高松宮が連合艦隊司令部の参謀たちに、もはや一刻の猶予もならぬ、アメリカと戦わねばならぬ、これが総長内々の意向だと説くのではないかと心配したのです。「艦隊の意見を殿下が指導あらせられ、又は抑圧せらるる如きことなき様注意」とはそういう意味だったのです。あるいは侍従武官は天皇に向って、長官は山本五十六大将ですから、ご懸念には及びませんと言上したかもしれません。

さらに天皇は内大臣に向かっても、海軍の動きを調べるようにと命じたのでしょう。

＊　編者　参謀本部「杉山メモ　上」原書房　昭和四二年　二九一頁

＊＊　共同研究・解説　伊藤隆　沢本倫生　野村実「沢本頼雄海軍次官日記――日米開戦前夜」『中央公論』昭和六三年一月号　四四六頁

内大臣秘書官長の松平康昌が海軍の幹部を尋ねて回ったことから、高松宮がアメリカと戦うべしと天皇に言上したという変事はだれもが知るようになりました。近衛の右腕の内閣書記官長の富田健治は高松宮は主戦派だ、開戦論者だとこのあとずっと信じることになったのですし、小林躋造が戦争中に記した覚書に「殿下を以て中堅層強がりの一人のように聞いて居た」と記したのは、この八月五日の宮中内の出来事を耳にしたからなのです。

さて、連合艦隊の大演習は土佐沖で主砲の射撃をおこない、伊勢湾で掃海をおこない、連合艦隊最大の昼間決戦となる航空部隊襲撃、潜水艦の襲撃の演習がありました。マストにぶつかるかと思う寸前に離脱する艦爆隊の急降下爆撃も、駆逐艦の見張りをくぐり抜けての潜水艦の魚雷発射もすべて山本五十六長官が座乗する長門が目標艦となります。加賀、龍驤を飛び立った艦攻隊が長門を狙います。長門の魚雷回避運動を阻害するために雷撃隊は二手に分かれ、長門の左舷、右舷の両方向から襲撃します。比叡の艦橋から遠く望んでいても、胸が熱くなる壮絶な戦いです。襲撃が終わり、避退する雷撃隊と魚雷発射に移る雷撃隊とが交錯したとき、二機が衝突し、四名の殉職者を出すことになった実戦さながらの演習でした。

高松宮が十日間の海上勤務から東京に戻ったあと、八月二十四日の日曜日のことになります。原田熊雄と箱根で会いました。原田も高松宮がアメリカと戦うべきだとお上に説いたのだと聞き、非常に心配したひとりでした。高松宮は日記につぎのように記しました。

「奈良屋の原田男と連絡して、〇九三〇来る（前から会い度いとのことであった）。先日、宮城に上った時に、私が米国と戦争せねば皇太子様の御代があぶないと云う意味をお話したので、お上がスゴク御心配にて翌日か近衛公にお話あったとかで、近〔衛〕から原田に話あったとか。余り御心配になる様な事は云わぬがよいだろうとのことだった。どうも全然思い当る節もないが、十月が油のキレ目と云う位の、せいぜい連絡会議の話題以外でないと思うのだが、何にかお間違いだろうと答えておく。

あとでよくよく考えたら、お上が艦隊をのこしておかねば講和の時に、威しがきかぬと云う様な事をお仰《ママ》ったので、先きの欧洲大戦の独艦隊みたいにおいておいても何にもならぬこともあるとか、北樺太の油では不足と云うことを云ったのが、関係あるやも知れぬと気付いた」*

高松宮はお上が自分の語ったことを間違えて受け取られたのだと原田に説明しました。原田は高松宮が主戦論者に鞍替えした訳ではないと安心したのでしょうが、高松宮の説明をそのまま信じることはできなかったでしょう。原田の疑問は、高松宮はお

＊　高松宮宣仁親王「高松宮日記　第三巻」中央公論社　平成七年　二八三〜二八四頁

上を脅すようなことをどうして言上したのか、自分にたいしては、お上にそんなことを申し上げていないと嘘をついたのはなぜなのかということだったはずです。

私も疑問があります。高松宮は八月五日の日記に自分が天皇にただちにアメリカと戦わねばならないと説いたという事実を正直に書こうとしなかったのはどうしてだったのでしょう。そして八月二十四日付けの日記に、戦わねばならないとお上に申し上げてはいない、それは間違いだと原田に語った弁解をくどくどと記したのはなぜだったのでしょう。自分がまったく考えてもいない、望んでもいない日米戦争を明日にもしなければならないとお上に説くような企《たくら》みをしたという心疚《やま》しさがあって、すべてを秘密にしたのが五日と二十四日の日記であり、それでいながら自分の企みが功を奏したといういささかの満足感があって、饒舌な筆遣いになったのが、これまた二十四日の日記だったのだと思います。

そこで高松宮の企みとはどういうものだったのでしょう。高松宮はもうひとつ、日記に書かなかったことがあったのでしょう。ソ連軍が満洲に先制攻撃をする気配だ、攻撃がはじまったら、「速やかに開戦を決意する」と陸軍から申入れがあり、海軍首脳をひどく慌てさせたのが八月三日でした。翌四日の夜か、それとも五日の昼、高松宮は高位の海軍軍人の訪問を受け、つぎのような説明を聞いたにちがいありません。

満洲の状況は非常に危険となりました。完全に押さえ込んだはずの日ソ戦争が起こりかねない状況となりました。なによりも危険なのは、お上の信頼が大変に厚い梅津美治郎大将が関東軍司令官であることです。梅津大将の判断だ、いたしかたないとかれにすべてをまかせてしまうことになれば、日ソ戦争は避けられなくなります。

高松宮は訪ねてきた海軍軍人が語るこのような話を聞き終え、少しのあいだ考え、つぎのように言ったのだと思います。

お上に陸軍を抑えて頂くためには、アメリカとの戦争は不可避だ、先延ばしにはできない、アメリカの経済封鎖を打破しなければならない、一刻も早く戦わなければならないと私が言上するしかない。私がこのように説けば、お上はこのままでは日本はソ連とアメリカと二正面戦争をする羽目になってしまうとその危険に気づかれ、杉山元と梅津美治郎がやりかねない対ソ戦をしっかり食い止めようとされるにちがいない。

こうして高松宮の八月五日の夜の天皇への爆弾発言となったのだと私は推測します。

高松宮が乗艦した比叡が太平洋にでた八月九日のことになります。参謀本部は年内に対ソ武力解決はおこなわないと決めました。高松宮は比叡に乗っているあいだにそれを聞いたことと思います。そして八月二十日に参謀本部の第一部長の田中新一が新京に出張し、関東軍司令官の梅津美治郎にそれを詳しく伝えたというニュースは、すでに東京に戻っていた高松宮の耳に入ったはずです。高松宮が原田に会った八月二十四日には、口にだすことはできないながら、いささか得意だったのだと思います。しかし、高松宮がまずはよかったと安堵できたのはほんの束の間のことでした。

前に記したことですが、八月五日にニュース映画の集まりで、天皇が高松宮に向かって語り、政府と軍の幹部のだれもが取り上げたのが、北樺太のオハ油田でどうにかならないかということだったのですが、恐らくは最初にそれを説いたのは、読者のだれもがよく知る陸軍軍人、辻政信だったのです。そのとき中佐でした。

関東軍司令部と参謀本部がソ連軍の侵攻があるかと慌てた八月二日、三日、辻は騒ぎ立てませんでした。ソ連とは外交交渉をおこない、ソ連と戦う意図がないことを鮮明にすることだ、そしてオハ油田を買収したいと持ちだせばよいと説きました。参謀本部第二部長の岡本清福《きよとみ》が反対し、取り上げられませんでしたが、参謀総長の杉山元は辻の案に興味を持ったのでしょう。かれは天皇に言上し、このような案も検討しておりますと説いたにちがいありません。さて、ここで辻政信、そして服部卓四郎について記さなければなりません。

独ソ戦争がはじまって九日あと、七月一日のことです。参謀本部作戦部長の田中新一は作戦課長に服部卓四郎をもってきました。それより前に内命を受けていた服部はただちに辻政信を呼ぶ手筈を整えます。辻が着任したのは七月十四日です。参謀本部作戦課の戦力班長となったのですが、辻の頭のなかにあるのは、米英両国との戦争でした。かれはその年の前半に台湾軍に籍を置いていた蟄居生活のあいだ、台湾軍研究部という小さなグループで、南方地域を攻略する計画をたてていたのです。

服部と辻のこの二人はそれより二年前のノモンハンの戦いの事実上の担い手でした。ソ連側の手の込んだ策略に訳もなくひっかかり、完璧な奇襲を喰らって一個師団が全滅させられ、三人の連隊長が戦死し、軍旗一旒《りゅう》を失うことになった大敗戦の責任者が服部と辻でした。関東軍作戦参謀であり、一介の中佐であった服部が事実上の関東軍司令官気取りだったと戦いのあとには非難され、服部を補佐したこれまた作戦参謀の辻は軍中央の命令を無視したばかりか、勝手に第一線で指揮をとるといった軍紀に悖《もと》る行動をした、馘首すべきだ、予備役に編入せよと責めたてられたのでした。こうしてこの二人は左遷され、しばらくはおとなしくしていました。

当然でしょう。戦後にノモンハンの戦いを研究したアメリカ人の学者が「ノモンハンは日本陸軍にとり、その威信が葬られた墓場だ」と記しました。二万人の将兵が戦死しました。関東軍の最高幹部たちはいずれも現役から逐われました。戦いのあとに負け戦の責任をとって自決した前線指揮官が何人もいれば、生き残った前線指揮官はそのあとずっと冷遇されることにもなったのです。ところが、服部と辻はそれから二年足らずあとに陸軍統帥部の中枢機関である作戦課で明日の大作戦の計画をたてるようになったのです。だからといって、七月から八月、恥ずかしくて伏目がちの毎日を送り、廊下の端を歩いていたのかとこの二人に問うのは、愚問のうちの愚問となります。恥ずかしくて、身が縮む思いでいたのは、かれらの上にいた第一部長、次長、参謀総長、そしてほかの陸軍首脳陣だったのです。

こういう訳です。枢密院議長の原嘉道が七月二日の御前会議で「私はソ連を打つの好機到来を念願してやまざるものであります」と説いたことは前に記述しました。海軍首脳がそれを聞いてひどく不安に思ったにちがいないとも記しました。永野修身や及川古志郎と同じように、国民のだれもがまもなくはじまるのは間違いないと思っている対ソ戦争のことで、胸のなかに大きな石があるようでした。陸軍大臣、参謀総長、かれらの部下たちは、七月に大動員をはじめてから、ノモンハンの戦いのような大量の戦死者をだす戦争がはじまるのかとだれもが恐れ、重苦しい空気が町に村にひろがっているのを痛いほど知りました。

昭和十四年十月はじめに東京で開かれた地方長官会議で、陸軍省軍務局長の武藤章がノモンハンの最後の十日間の戦いの実態をはじめて明らかにしました。関東軍司令官の植田謙吉と参謀長の磯谷廉介を予備役にしたことともに、その戦いを国民に説明することにしたのは、証拠はなにもありませんが、天皇の意思があってのことだったのでしょう。武藤軍務局長は「極めて優勢なる砲兵及び機械化部隊」のソ連軍と悪戦苦闘をしたことを正直に語って、「物質的戦備の充実」が必要だと繰り返しました。それが十月四日の各新聞の一面トップに掲げられ、「我戦死傷病一万八千」の大見出しが国民の度肝を抜き、そのあと議会での質問ともなったのです。

昭和十六年に戻りますが、七月二十九日の陸軍省内の各局長を集めた会議で、武藤章軍務局長が「動員その他の空気から見て、国民のあいだには一種の恐怖感がある」*と正直に語りました。国民が陸軍に絶対の信頼を置かなくなっている事実を陸軍の幹部たちははっきり感じとっていたのです。

陸軍にたいする不信感はまったく別の方向からも来ました。陸軍がソ連との戦争を断念したようだと知って、国会議員、官庁の幹部、新聞記者の態度にははっきり現れたのは、今度は大きな失望でした。ドイツ軍の戦車師団、突撃部隊がソ連領奥深く攻め入り、ソ連軍を手ひどく打ちのめしているまさにこのとき、この千載一遇の機会に遭遇しても、わが陸軍はソ連と戦う勇気も力もないのかという失意、落胆です。日誌、覚書になにも残してはいませんが、陸軍大臣、参謀総長、次長、次官、部長、局長はいずれも我が身を恥ずかしく思っていたのです。そしてかれらの脳裏には当然ながら七月二日の御前会議で、できるだけ早く討て、ソ連を壊滅させよと説いた枢密院議長の顔も浮かんだはずです。

ところが、ノモンハンの負け戦でこれまた尋常ならざる辱めを受けたはずの二人の

＊　石川準吉「国家総動員史　資料編　第8」昭和五四年　七六〇頁「国家総動員史」刊行会

作戦参謀が勇み立つようになると、杉山元や田中新一、かれらの部下のだれもが、胸中にあった恥辱感を奇麗さっぱり消し去ることができ、陸軍の名誉を見事に回復してみせる素晴らしい方策にとりつかれることになりました。

かれらはフィリピンからマレー半島、蘭領東印度、ビルマまでの大地図を前にして、大作戦の粗筋を描き、武者震いをしました。アジアを支配してきた英国軍、アメリカ軍、オランダ軍をたちどころに粉砕してみせる。国民だれひとり知る者とてない極東ロシアの寒村を占領するのではない、アメリカと英国の帝国主義の大拠点、マニラとシンガポールを一気に攻略するのだ。ボルネオとスマトラの油田をたちまちのうちに我がものにするのだ。こうして陸軍の幹部たちは新しい「国策遂行要領」をつくろうと気負い立つことになりました。

ところで、前に記したように、アメリカの英国、オランダと組んでの対日経済封鎖が政府と陸海軍を大きく動揺させ、国民を不安のどん底に陥れたまさにそのとき、断念したはずの対ソ戦争が起きる気配となって、この情報は国民には告げなかったのですが、海軍、政府、宮廷内の人びとを震え上がらせることになりました。近衛首相が日米首脳会談の構想を明らかにしたのがそのときでした。ところが、内大臣がそれに矛先を合わせ、臥薪嘗胆策を提案したのです。

八月七日、木戸幸一は自分がつくった臥薪嘗胆案を天皇に言上し、近衛首相にも示しました。木戸はその要点を自分の日記にも記しました。要点をつぎに掲げます。

「一、油は海軍が二年、是とても戦争をすれば一年半しかないと云う。陸軍は一年位とのことだ。

一、そこで、結論から云えば、右が事実なりとすれば、到底米国に対して必勝の戦を為すことは出来ないと云う外はない。

……

一、蘭印を攻略するにはシンガポール、フィリッピン等を先ず制覇するにあらざれば困難であろう。而して之等の行動中に油井は破壊さるるであろうから、必要量の油を得るには到底一年半では難しいと思う。

一、蘭印に手を出せば、米国は参戦するであろう。そうすれば仮りに油が出るとしても、英米の潜水艦航空機の脅威下に長距離の輸送は非常に危険率多く、果して所期の成果を挙げ得るやは頗る疑わしい。

……

一、翻って今日の情勢を単的（マヽ）に云えば、国力足らずして思うことが出来ないと云うことであって、表面の形は変って居るが、日清戦後の三国干渉の場合と同じ決意をする外ないと云うことではないかと思う。

一、即ち今後十年を目標とし臥薪嘗胆の決心をなし、

一、差当り日米国交の調整を為し所要の物資を得ると共に、
一、重工業、工作機械工業の確立、
一、人造石油工業の急速なる確立、……
等に全力を挙ぐること。
而して右計画の基礎として至急に国土計画の実施を促進すること」[*]

奇怪なことでした。木戸は八月五日に近衛から日米首脳会談を開くことにするとの説明を受けました。近衛の主張は明確でした。日本は石油禁輸をアメリカから突きつけられ、ソ連が日本にたいして予防戦争に打ってでるかもしれず、陸海軍はともに緊張、興奮し、危険極まりない状態となっている、アメリカを相手に、これまでのような外交交渉をずるずるとつづけていたのでは、陸軍と海軍はいてもたってもいられなくなる、日米首脳会談を開き、すべての懸案を一挙に解決するしかない、すでに陸海軍大臣の了承を得た、アメリカにただちに会議の開催を申入れる。このように説明したにちがいありません。

木戸はこのように聞いて、うなずいたはずだったにもかかわらず、その二日あとの八月七日にかれが自分の臥薪嘗胆案を天皇と近衛に提示したのはなぜなのでしょう。

本当なら、八月七日に内大臣は近衛につぎのように語って、かれの決意を励ますのがごくごく当たり前の配慮のはずです。伊沢多喜男枢密顧問官がルーズベルトは自分

の百分の四十、アメリカを売り、近衛は自分の百分の六十、日本を売って、交渉をまとめよと言ったそうだが、さらなる覚悟が必要となるかもしれない。アメリカをして市場と原料資源を開放させ、太平洋の長期にわたる平和を約束させるためには、百分の八十、日本を売るつもりで首脳会談に臨む決意が必要だ。いよいよとなれば、お上にお願いして、参謀総長を説得して頂く。

　木戸はそんな具合には言いませんでした。かれは近衛を激励する考えはまったくありませんでした。かれは自分の計画を持ちだしました。かれの案の肝心な箇所はただひとつでした。「差当り日米国交の調整を為し所要の物資を得る」というところです。近衛の首脳会談の計画などまるっきり視野に入れることなく、考えたこともないといった、よそよそしい態度です。

　木戸について語るのは第八章に持っていかなければならないのですが、ここでもう少し述べることにしましょう。

　木戸が説いた「所要の物資」とは当然ながら石油でしょう。石油が入手できないなら、木戸の臥薪嘗胆策が唱った計画、何年さきのことになるか皆目見当のつかない人

＊編者　木戸日記研究会「木戸幸一日記　下巻」東京大学出版会　昭和四一年　八九九～九〇〇頁

造石油工業の確立をあてにしなければならなくなります。ドイツから技術を導入し、高圧反応筒を輸入しなければならなかったのですが、独ソ戦争がはじまってしまい、不可能となりました。

永野修身、及川古志郎、かれらの部下たちは横浜小柴と徳山大迫田を中心とする海軍貯蔵の六百五十万トンの燃料油がジリジリと減っていくのがなによりも気がかりです。一方、フィリピンの基地にB17が増強されていくのにやきもきしなければなりません。木戸の臥薪嘗胆案には絶対に反対です。

海軍の願いは日米首脳会談の開催です。海軍大臣の及川古志郎は八月十四日に発表された大西洋憲章の中身にアジアへの言及がないのを喜び、日米首脳会談によってすべての問題が解決できると語り、「いまや復員の方法を考える」ときだと声をはずませれば*、近衛首相に随行するひとりと決まった軍務局長の岡敬純は、首相が乗船する新田丸を護衛する「第七戦隊の巡洋艦四隻が礼砲を交換しつつハワイに入港する場面」を同僚に嬉しげに語っていたのです。

どうして木戸は首相、外相、海軍の願いを無視して、臥薪嘗胆案を持ちだしたのでしょう。このさきで述べる機会があると思いますが、近衛は会談地から電信によって天皇の「聖断」を仰ぐつもりでいました。木戸は近衛のその計画に協力させられることになるのを警戒していたのです。ルーズベルトと話し合いをするために横浜を出立する前に、日本はどれだけの譲歩をするのか、どれだけの譲歩ができるのか、近衛が内大臣と協議したいと望むのは必定です。木戸はその問題にかかわらないつもりなのです。そうした論議になったら、曖昧な返事をし、それには答えず、はぐらかし、いかなる譲歩も必要としないと快活な調子で語り、これに優るものはないと臥薪嘗胆案を重ねて説くことにするつもりなのです。

だが、八月のはじめには、木戸の腹のうちは海軍の幹部たちにまだわかっていなかったのだと思いますが、近衛は疑いを深めていたにちがいありません。このあと八月末に木戸が永野修身の願いにどのような対応をしたかを見ます。そして九月中旬には、木戸が高松宮の願いを無視したことを見ます。そして十月の半ば、第三次近衛内閣が中国撤兵の問題をめぐって、閣内不統一から総辞職へと追い詰められたとき、木戸は再び同じような臥薪嘗胆論を持ちだします。閣内不一致を引き起こすにいたった重大な問題と向かい合うのを避け、それから逃げるためのかれの仕様なのです。

いずれもこのさきで記すことになります。

＊　森山優「日米開戦の政治過程」吉川弘文館　平成一〇年　一八一頁

第三章　高松宮、九月六日の「御前会議の不徹底につきてお話した」

永野修身は「国策遂行要領」から対米戦争の準備と決意を削ろうとした

見てきたとおり、ソ連との戦争を断念した八月九日から、陸軍省と参謀本部の幹部たちは机の上の書類を取り換え、壁の地図を貼り替え、米英との戦争を計画するようになりました。米英と言っては正しくありません。陸軍の首脳陣が考えたのは、米英蘭の植民地、香港、フィリピン、マレー半島、ボルネオ、スマトラ、ジャワ島、ビルマを奪取するだけの戦いでした。前に見たとおり、陸軍の失墜した信頼を取り戻し、必ずや全国民の拍手喝采を浴びることになる作戦計画は、これですべてでした。そして杉山元も、次長の塚田攻も、第一部長の田中新一も、課長の服部卓四郎も、課員の辻政信も、それより先の戦いはなにも考えませんでした。太平洋正面のアメリカ海軍との戦いは、当然ながら海軍の仕事であり、陸軍が手伝うのは、四国善通寺の第五十五師団から割いてつくられた六千人ほどの南海支隊で充分だと思っていたのです。

杉山、東条、かれらの部下たちは、南方地域を五カ月以内に席捲してみせてこそ、陸軍の名誉は回復できるのだと思い、経済封鎖をアメリカにやめさせることができないのなら、いつ外交交渉を見限るか、いつまでに戦争の準備を完成するか、戦争の決意はいつするかの計画表の作成にかかりました。これを新しくつくられる「帝国国策遂行要領」に盛り込むことになります。

こうして陸軍が陸軍の「要領」をつくれば、海軍は海軍の「方針」をつくることになります。陸海軍双方の作戦部長と軍務局長がそれらを突き合わせることになりました。八月十六日に提示された海軍の「方針」は、アメリカと英国にたいして作戦準備はする、十月半ばまでに戦備は完結するが、戦争決意には触れようとしないものでした。当然です。海軍が望んでいるのは日米首脳会談の開催です。陸軍は開戦を決意する期日を「要領」にはっきり記すように海軍側に求め、大声を上げての喧嘩腰の議論がつづくことになりました。

八月二十四日か、二十五日のことでしょう。永野修身はまさに重大な決意をしました。誤魔化しをつづけていくことはもはやできない、小手先の細工はやめにすると肚を決めました。日米不戦をはっきり陸軍に告げることにしました。

新しい海軍の「方針」は、戦争準備を「援蔣補給路遮断作戦準備」だけにしました。

こういうことでした。前にも記したとおり、大臣の及川古志郎も、次官の沢本頼雄も、軍務局長の岡敬純も、軍令部の首脳たちも、日米首脳会談の開催に大きな期待を寄せていました。そして八月二十四日、二十五日、近衛首相はアメリカ大統領に重ねて首脳会談を呼びかけようと外務大臣と協議していました。ところが、首脳会談の実現をぶち壊してしまう危険な出来事が起きていました。対ソ戦を断念した陸軍が満洲に送り込んだ大軍を台湾、広東、海南島へと送りだしはじめていたのです。アメリカや英国、蔣介石政府の諜報機関がこの大規模な軍隊の移動を訳もなく嗅ぎつけ、ワシントンに日本軍は蘭印、シンガポールに侵攻の準備をしているとつぎつぎと報告することになります。アメリカ国務省と大統領官邸内の親蔣介石派の高官たちは大統領が日本に譲歩して、妥協してしまうのを恐れ、日米首脳会談を潰してしまおうと願っていましたから、この事実を持ちだして、騒ぎ立てることになります。近衛、豊田、及川、永野の夢は潰されてしまい、シンガポール、マニラにたいする攻撃準備を整えた陸軍部隊が残ることになります。

海軍幹部はこの陸軍部隊を投入するべつの戦場を考えました。雲南省の省都、昆明を攻略する作戦をおこなえばよいということになったのです。

日本軍は北部印度支那に駐留することによって、その地域からの重慶政府への軍需物資の輸送路を塞ぎました。ドイツ軍に攻め込まれているソ連はもはや重慶への軍需援助どころではありません。ただひとつ、英国領のビルマのラングーンから昆明への輸送路が残っています。月間一万から一万五千トンの僅かな軍需物資が輸送されていました。昆明を攻略してしまえば、重慶政府を外界から断ち切ることができます。日本と平和交渉をせざるをえなくなります。支那事変を一日も早く解決する。アメリカにたいしては、蘭印、マレー半島を攻略する意図はない、米英と戦わないとアメリカに伝え、首脳会談の開催を重ねて申し入れればよい。

永野修身と軍令部と海軍省の幹部たちはこういう具合に考えて、「帝国国策遂行」の海軍案を「援蔣補給路遮断作戦準備」ひとつにしてしまったのです。

八月二十六日にその海軍案が陸軍省に届きました。翌二十七日の陸海軍部局長会議のための用意です。参謀本部第一部と陸軍省軍務局の部局員がそれを読み、怒声をあげ、罵声を発したことでしょう。裏切りやがって、あの腰抜けめがと大声を上げたのでしょう。

かれらが怒ったのは、蔣介石援助の補給路を遮断するための雲南省の昆明を攻略する作戦は、陸軍が計画し、陸軍がおこなう戦いだったからです。海軍が口出しする作戦ではありません。そしてかれらが怒るもうひとつのさらに大きな理由は、前に記した杉山元から辻政信までの胸のうちにある陸軍の威信回復の願いに水をさされたからでしょう。前にも記したとおり、失墜した名誉を一挙に取り戻してみせるのが、香港、マニラ、シンガポールをたちどころに征服してみせる壮挙でした。臆病風に吹かれた海軍はそれをいきなり潰してしまおうとしたのです。

もちろん、永野修身は陸軍がどれだけ怒るかは先刻承知していました。同じ八月二十六日の朝、かれは行動にでました。侍従武官長に会い、昆明作戦をおこなう計画を後刻、天皇に申し上げると伝えました。武官長の蓮沼蕃は天皇にこれを報告しました。

永野が願ったのは、つぎのような展開になることだったはずです。お上がかれの主張を聞いて、なるほどと思い、つぎに杉山総長に向かって、満洲に派遣した陸軍部隊を台湾に上陸させたことがアメリカに知られてしまっているではないかと語り、アメリカ大使館が日本の陸軍はなにをやろうとしているのかと詰問してきたというではないか、こんなことではとても日米交渉はまとまらない、アメリカ、英国との戦争の準備はやめにして、陸軍は支那事変の一日も早い解決に取り組むべきではないか、昆明作戦ひとつに集中してはどうかと説くことになれば、「帝国国策遂行」海軍案を陸軍に呑ませる用意が整います。

起こった事実は違いました。つぎのような展開になりました。永野修身が侍従武官長に上奏の予約をしたあとのことになります。杉山元が天皇に会い、支那派遣軍の長沙作戦計画を上奏し、允裁《いんさい》を仰ぎました。天皇の許しを求めるということです。

それが終って、天皇は杉山に向かって、蓮沼から聞いた永野がこのあとに出す提案について尋ねました。ビルマ・ルート遮断のこともあり、昆明はどうするかと問うたのです。海軍案が陸軍側に届く前のことだったのかもしれません。そこで杉山はそれが永野の提案だとはまだ知らなかったのかもしれません。いや、表御座所に向かう杉山に蓮沼がこのあと軍令部総長が参内、上奏することになっていると語り、上奏の予定内容を明かしてしまっていたのかもしれません。

そうであれば、杉山は大層怒ったことでしょうから、天皇に向かって、そんな作戦はしないと言上しただけでなく、ボロクソに非難することになったはずです。事実、ひどい批判になりました。「交通、鉄道、物資不足、自給自足至難、衛生不良の悪条件等から至難と判断せられたり」

天皇は「そうか、いかんか」*と答えました。

そのあとに永野修身が上奏しました。かれはのちになにも語っていませんし、だれもなにも喋っていませんが、天皇が永野に向かって、昆明作戦は駄目だと言ったことは明らかです。天皇はそう語りながらも、昨日まで永野はアメリカと戦えと懸命に説いていたのに、いったい、これはどういう心変わりだろうと不安になったはずでした。

永野のほうはと言えば、主張を変えてしまって、お上にうしろめたいと思っていたでしょうが、なによりも思いもかけない事態になってしまいました。海軍軍人が陸軍軍人の説く雲南省の地誌に反論はできません。後宮《うしろく》淳南支那方面軍司令官が昆明作戦

＊防衛庁防衛研修所戦史室「戦史叢書　大本営陸軍部・大東亜戦争開戦経緯〔4〕」朝雲新聞社　昭和四九年　五〇二頁

をやるべしと主張していたことを永野が知っていたら、陸軍にも支持者はおりますと言えたのですが、かれは知らなかったのでしょう。前年十月に後宮中将は、米英と戦争をするといった危険な道を選ぶことなく、支那事変を解決すべきだと説き、南支那方面軍に三、四個師団を増やし、昆明作戦をやり、昆明を占領し、ビルマ・ルートを断つべきだと陸軍中央に意見具申をしていたのです*。

憐れな永野は反論しようにも反論できないまま、「国策遂行方針」案は一日で葬り去られてしまいました。

参謀本部の戦争指導班はまだその事実を知らなかったのでしょう。班長は日誌につぎのように綴りました。

「二十六日海軍側より国策遂行要領の改訂案来る。対米英決意なきは勿論対米英戦争準備の字句も抹殺　援蔣補給路遮断作戦準備と変更しあり　『お上』を目標としたる偽騙作文　臣子の分に反す　海軍側の腰抜驚き入りたる次第　百年長期戦争など思いもよらざることなり**」

翌八月二十七日、陸海軍双方の軍務局長、作戦部長の四人が「国策遂行要領」案を検討しました。「援蔣補給路遮断作戦準備」を掲げた海軍案は海軍側の軍務局長、岡敬純が引っ込めました。しかし、岡は陸軍案の「対米英蘭戦争ヲ決意シ」の文字に反対しました。陸軍側の作戦部長の田中新一との争いがつづき、決着はつきませんでした。「欧州の情勢を見て開戦するかどうかを決める」と岡は頑張ったのです。絶対に妥協はするな、まだ打つ手が残っていると永野修身は部下に言ったのでしょう。永野はもう一度、宮廷に訴える考えだったのです。

翌八月二十八日のことになります。杉山元が上奏しました。杉山は天皇につぎのように言上しました。「北部印度支那と南支那に推進致しまする兵力は、昆明作戦の準備と装わしめる等、宣伝、その他百般の方法を用い、企図を秘匿致したい」と説いたのです。

なんのことはない、海軍の「援蔣補給路遮断作戦準備」を、陸軍は南方地域攻略の意図を秘匿するために利用しようということになったのです。天皇は杉山が説くことに反対しませんでした。こうして陸軍は昆明を攻撃する予定だとそこここで洩らすようになります。

杉山のその上奏のあとのことでしょう。永野修身が表御座所に向います。かれがどのようなことを天皇に言上したのかはわかりません。だが、かれが説いたことを聞い

＊　防衛庁防衛研修所戦史室「戦史叢書　大本営陸軍部〔2〕」朝雲新聞社　昭和四三年　一三四頁

＊＊　編集　軍事史学会　防衛研究所図書館所蔵「大本営陸軍部戦争指導班　機密戦争日誌　上」錦正社　平成一〇年　一五〇頁

た天皇は、わかった、そうしようとその場では言わなかったのでしょう。

　そのあと驚くべき出来事が起きました。海軍の侍従武官が驚き、侍従詰所の侍従、廊下にいた仕人《つこうど》も呆気にとられたにちがいありません。御学問所の謁見室を出た軍令部総長は廊下から階段を下りて、そのさきの廊下に面してある侍従長室、内大臣室、内大臣秘書官長室の前を黙って通り抜けるはずが、木戸幸一の執務室のドアを叩いたのです。

　新任の総理大臣や大臣たちは天皇に上奏、内奏するために参内して、侍従職の庶務課長から「内大臣にお会いになりますか」と問われるのがつねでした。新たに任命された大臣はすぐにこの決まりに従うようになりました。かれらは内大臣との関係を良好なものにすることが必要だと気づき、そのためには内大臣と意思の疎通を欠かしてはならないと知るのです。

　しかし、陸軍、海軍の統帥部総長が天皇に向かって、つぎにはこのような動員をおこないます、このような作戦をおこないますと上奏したあと、内大臣の部屋に立ち寄るということは絶対にありませんでした。もちろん、内大臣も重要な作戦や戦果は承知していなければなりません。天皇は永野、杉山から聞いた話を木戸に話し、ときに助言を求めもしました。天皇の指示があって、武官長、武官が木戸に総長の上奏、内奏の中味を告げることは再三ありました。たとえばミッドウェー海戦で空母四隻を失ったと天皇が知れば、鮫島具重侍従武官に命じ、ただちに木戸に告げに行かせたのです。

永野修身が内大臣の執務室を訪ねたのは、就任の挨拶のときだけでした。昭和十六年四月十日に伏見宮に代わって、かれが軍令部総長に就任したときでした。つけ加えれば、昭和十九年二月に解任されたときには、永野は木戸の執務室に立ち寄りませんでした。当然でしょう。このあと語ることになりますが、永野は木戸に恨み骨髄といった気持ちをずっと隠し持っていましたから、そのかれによって解任される憂き目となって、挨拶に行く道理などあるはずはなかったのです。

記しておきましょう。永野が内大臣執務室を訪ねたことは、もう一回ありました。昭和十六年十二月八日の午前七時半、首相と両総長が内大臣の部屋に行きました。その朝、木戸もとっくに出勤していました。東条、杉山、永野の三人は連れだって、天皇にハワイ奇襲の大成功を報告したあと、永野と杉山も嬉しいばかりでしたから、東条とともに木戸の執務室を訪ねたのです。

こうした訳で、永野は木戸の執務室に二回、儀礼的な訪問をしただけでした。昭和十六年八月二十八日に永野が木戸の部屋を訪ねたのは、前に述べたとおり、まことに不思議、不可解な出来事だったのです。木戸は軍令部総長との最初で、それが最後となる話し合いについて、つぎのように日記に記しました。「十一時半、永野軍令部総長来室、対米英施策を中心に詳細説明を聴く」*

木戸は永野の「対米英施策」がどういうものであったのかを、のちに語ったことはありません。永野もまた、かれが木戸になにを説いたのか、木戸がどのように答えたのか、なにひとつ語っていません。

見当はつきます。永野修身は内大臣に向って、はじめて自分の本心を明かしたのです。天皇から見込みなしと言われたはずの「援蔣補給路遮断作戦準備」の主題を、永野は木戸にまずは説明したのでしょう。つづいて永野は木戸に向って、これからつくる「国策遂行要領」は対米英戦の準備、決意の文字を削除したものにしなければならないと説いたのでしょう。日米外交交渉、なによりも日米首脳会談を成功させるためには、「国策遂行要領」を対米外交と対米戦争準備の「両論併記」の二本立てにすることに反対だと主張したのだと思います。二本立てにしているがために、しなければならない肝心な譲歩の決断がつかず、アメリカとの関係修復ができないと説いたのでしょう。永野の願いが内大臣から天皇への助言を望んでのことだったのは言うまでもありません。

しかし、内大臣が軍令部総長の主張に賛否を言うことなく、逃げ口上を使ったのでしょう。そういう重大な問題はまず陸軍と協議し、双方の意見をまとめて欲しい、陸海軍の協調が不可欠だと説いたのでしょう。そして木戸は永野の不服な顔を見て、真剣に考えたことなど一度もない臥薪嘗胆案を持ちだすというお決まりの一時逃れをして、アメリカとの外交交渉にすがる必要などないのだということにしてしまい、「国策遂行要領」を「両論併記」にすることに反対だと説く永野の主張には決して答えることはしなかったのでしょう。

永野修身がこのような計画を木戸幸一に語ったという証拠は、海軍側にはなにひとつ残っていません。海軍省と軍令部が「両論併記」とはしない日米不戦の「国策遂行方針」案を昭和十六年八月の末に提出したという事実について、そのすべてを知る海軍軍人はのちにそれを語ることもしなければ、記すこともしませんでした。そこで陸軍側の参謀総長の杉山元の覚書と参謀本部戦争指導班の種村佐孝の日誌の記述が残されていなければ、すべては闇から闇に葬られ、のちの歴史家はまったくなにも気づかないことになったのです。そして八月二十八日付けの木戸幸一の日記、「永野軍令部総長来室、対米英施策を中心に詳細説明を聴く」と記された一節を読んでも、読者はなんのことかまったく理解できないまま、読みとばすことになったにちがいありません。杉山と種村の二人の陸軍軍人のおかげで、現在、私たちは永野修身が「主戦論者」では決してなかったこと、そしてどうして「主戦論者」にならざるをえなくなったの

＊編者　木戸日記研究会「木戸幸一日記　下巻」東京大学出版会　昭和四一年　九〇四頁

か、その理由を知ることができるのです。

永野修身が日米不戦を説いたのは、内大臣を説得しようと試みて、失敗に終った八月二十八日が最初、そしてそれが最後となりました。ところが、永野はそのあと十一月一日にひとつの主張をします。九月六日の御前会議で定めた「国策遂行要領」の和戦の「両論併記」にかれは内心、反対だったのなら、この十一月はじめに決める第二次「国策遂行要領」が再び外交と戦争の「両論併記」となることにも、当然ながらかれは反対です。だが、かれはそれを口に出せません。せめて最後となるその機会に自分の本当の願いを記録に一行でもいいから残しておこうとしたのだと私は理解しています。

その十一月一日の出来事の説明をします。このさきで触れなければなりませんが、十月十八日に第三次近衛内閣から東条内閣に代わります。これもこのさきで記すことになるでしょうが、国策の再検討をはじめます。本当は再検討なんかではありませんでした。海軍に戦争を決意させるための猶予の期間となる十月二十三日から一週間の議論だったのです。そして十一月一日の夕刻、第二次「国策遂行要領」を決める最後の審議をはじめました。

臥薪嘗胆策をとる、開戦をただちに決意する、作戦の準備を完成させるとともに並行して外交交渉もおこなう、この三つの方策を検討し、選択しようというのです。アメリカとの外交交渉は十一月三十日までつづけるとそれより前の一週間の会議のあいだに決めてしまっていたのですから、二番目を選ぶはずはありません。臥薪嘗胆策は不可能という結論はこれまでにでていたのですから、一番目でもありません。第三番目を選ぶと決まっていながら、三つのうちからひとつを選ぶなどといった体裁をとったのは、上級軍人、高級文官の職業生活の大きな部分を占める、お決まりの形式主義がもたらしたしきたりでした。首相の東条がこの三案のほかにべつの案があるかと出席者に問いかけたのも、同じ形式主義によるものでした。

ところが、軍令部総長の永野修身が語りだしました。三案とはまったく違います。外務大臣の東郷茂徳はどういうことかと驚愕し、大蔵大臣の賀屋興宣もこれはなんだと腰を浮かせたにちがいありません。会議に出席したこれら二人の文官のうちのひとり、賀屋は北樺太のオハ油田を買収して、臥薪嘗胆策を採るべきだと提案するつもりでした。第一案であり、しかもオハ油田買収による臥薪嘗胆策は、それより前の討議のあいだに駄目とされただけでなく、八月、九月の段階で海軍が見限っていたのですから、いまさら持ちだしても、だれからも相手にされるはずはなかったのです。それでも、賀屋が臥薪嘗胆策を持ちだしたのは、木戸幸一が臥薪嘗胆策を説く意図とはまったく違いました。「米国に握られている二年後の決戦に勝算のないような戦争は不安定である」と考えていた賀屋は、なにがなんでも、臥薪嘗胆策をもう一度、出席者に説きたかったのです。

東郷茂徳はといえば、かれはアメリカとの外交交渉に新しい案を出すつもりでいましたから、それを会議の出席者に提示する考えでいました。その案は、ひとまず、日本側は南部仏印から撤収し、アメリカをして経済制裁の前に戻させようという暫定案でした。

そこで東郷と賀屋の二人は軍令部総長が語りだすのを聞いて、そんなとんでもないことを言いだすつもりなら、もっと前に相談してくれればよいのに、互いに協力し、陸軍の反対を抑える戦術を練ることもできたのにと無念に思ったにちがいありません。永野修身の提案はまさに第四案でした。日米不戦です。外交交渉のみに頼り、日米関係を調整しようというものでした。*

参謀総長の杉山元と首相兼陸軍大臣の東条英機はどう反応したのでしょう。二人の胸中には不安が走り、やっぱり永野はそんなことをいまこの段になってもなお望んでいるのかと息を呑み、つぎには不快感が沸き起こったにちがいありません。

杉山と東条は二カ月前に永野が内大臣に説いた主張の中身を知らなくても、それより二日前の会議で海軍が「国策遂行要領」を「援蔣補給路遮断作戦準備」に変えてしまおうとした事実を忘れてしまっていたはずはありません。軍令部総長の真意は対米戦争を避けたいのだと改めて知ることになれば、海軍にアメリカとの戦争を無理強いして大丈夫なのだろうかという思いが走り、背筋が寒くなって当たり前でした。

その恐怖感を抑えれば、前に記したように、東条と杉山の胸中に怒りと不快感がひろがったはずです。外交交渉一筋でいくことができない理由をわざわざこの最後に陸軍側に言わせようとするのが軍令部総長の肚なのだと思ったからです。「交渉条件を低下させることはできない」と言葉少なく語り、永野の提案を葬りました。アメリカとの外交交渉は十一月三十日までおこなうが、日本の死活的利益は守り抜く、中国からの駐兵問題で譲歩する考えはない、いまさらなにを言うのかということでした。

永野修身が昭和十六年六月から十一月までにしてきたことを語り終えるにあたって、一言つけ加えます。十一月一日、東条首相兼陸相は永野に向かって、「交渉条件を低下させることはできない」と言いました。戦後六十年間、多くの研究者が永野を主戦論者だったと誤って解釈してきたのは、永野が対ソ戦を回避するために南部仏印進駐を説いていたことを読み誤ったのにはじまって、永野が政府と陸軍の代表が並んだ会議の場で「交渉条件を低下」させようと遠回しに説いていたのを、主戦論の開陣と思い違いをしてきたからなのです。

九月六日の御前会議で永野が「大坂冬の陣」の故事を引いたのは、外交交渉に空し

＊ 服部卓四郎「大東亜戦争全史」原書房　昭和四〇年　一一四頁

い期待を抱くのは即刻やめよ、直ちに戦わねばならないと説いていたのではありません。たちまち翌年の夏には再戦を招くことになるような中途半端な和睦をしないで欲しい、そのためには「交渉条件を低下」させる決断をして欲しいと天皇から参謀総長、陸軍大臣、すべての出席者に訴えていたのです。

六月六日の駐独大使の電報到着にはじまって、永野修身がどう考え、なにをやったのかを記しました。

高松宮、御前会議での天皇の発言を「不徹底」だったと批判

つぎに高松宮が九月にアメリカとの戦争回避のためにどういうことをしたのかを見ましょう。

前に説明したとおり、高松宮が八月五日に天皇に向かって、アメリカとただちに戦わねばならないと説いたのは、陸軍がやるであろう対ソ戦を阻止しようとしての苦しまぎれの術策でした。

それから一カ月あとのことになります。九月九日、宮廷内のニュース映画を観る集まりが再びありました。高松宮が出席しました。

八月五日の夜と同じように、ニュース映画を観終わったあと、天皇と高松宮は話し

合いました。どのようなことが起きたのでしょう。じつはその夜の二人の会話とそれに関連して起こったであろう出来事については、だれも記録を残していません。すべては高松宮の日記のなかの素っ気ない一行だけなのです。「御前会議の不徹底につきてお話した」

御前会議とはその三日前の九月六日、明治宮殿内の東一の間で開かれた政府と統帥部の首脳が集まっての会議のことです。軍令部総長の永野修身が「大坂冬の陣」の故事を引いたのがその御前会議でのことだったのは、述べたばかりです。「外交交渉ニ依リ十月上旬頃ニ至ルモ尚我要求ヲ貫徹シ得ル目途ナキ場合ニ於イテハ　直チニ対米（英蘭）開戦ヲ決意ス」といった文言のある「帝国国策遂行要領」をその会議で定めました。

さて、高松宮が天皇に「御前会議の不徹底」を語ったというのはどういう意味だったのでしょう。御前会議における天皇の発言にたいする批判だったはずです。

九月六日の御前会議を振り返ってみましょう。その会議には慣例に従い、枢密院議長が出席しました。前に説明したことですが、御前会議では沈黙を守るのがならわしの天皇に代わって、枢密院議長が政府、統帥部の責任者に質問をする、そして「時局処理要綱」、あるいは「国策遂行要領」に賛成の意思表示をするという形をとります。前もって内大臣と打合せをした上での御前会議における質問、主張になりますが、かれ自身の考えも加えることになるのだとも、前に語りました。枢密院議長はそのとき原嘉道であったことも前に記しました。

前には記さなかったことを述べましょう。どうして天皇は御前会議で沈黙を守ることにしていたのでしょう。

木戸幸一は戦後二十年のちに、学習院後輩の政治学、社会学の研究者たちに向かって、御前会議では、天皇は「発言されないのが原則ですね。つまり、重味をつけるための形式なんだナ*」と語りました。

木戸は後輩の学徒たちにつぎのように丁寧に説明してもよかったのです。

これは元老の西園寺公望が望んだ指導方針です。「御親裁」の形をとるのを避けよう、そのように見られないようにしようという考えがあってのしきたりでした。総理大臣、統帥部の総長、国務大臣のそれぞれの任務は、天皇を輔弼することです。天皇がおこなう一切の国務上の行為は、天皇を補佐するこれらの人びとが天皇に代わっておこなうことなのです。そこで公式の場で天皇に決断を求めるような形をとることは、天皇の親裁になってしまう、それは避けねばならないという理屈でした。

木戸はこのように語ることなく、「重味をつけるための形式なんだナ」と無造作に語ってみせたのですが、これで御前会議で天皇が黙っていたことを充分に説明できた訳ではありませんでした。

九月六日の御前会議開催の前、天皇と木戸とのあいだでつぎのようなやりとりがありました。御前会議の二十日ほど前の八月十一日、そしてもう一回は御前会議が開かれる二十分ほど前、天皇は木戸に向かって、これまでの御前会議の形式にとらわれず、御前会議の場で質問してみたいと言ったのです。**

ところが、木戸は一度目は聞き流し、二度目には反対しました。質問は枢密院議長の原嘉道に任せるべきだと言い、発言するのなら、天皇は統帥部に向かって、外交工作が成功するように協力せよと言うにとどめるべきだと助言したのです。

木戸はどうして天皇が質問するのを二度とも嫌ったのでしょう。「重味をつける」ことがなによりも大切だと思ったからだけではなかったはずです。

そこで天皇のほうになりますが、天皇はどうして質問を原に任せることができなかったのでしょう。天皇はなにを考えていたのでしょう。

天皇は軍令部総長が「国策遂行要領」から対米英戦の準備、決意の文字を削除したいと望んでいることを知り、そのあとその考えをすぐに捨てたことを知って、心配したにちがいありません。天皇は木戸から説明を聞いて、納得できたのでしょうか。そ

*　編者　金沢誠ほか「華族──明治百年の側面史」北洋社　昭和五三年　一七七頁

**　編者　日本国際政治学会　太平洋戦争原因研究部「太平洋戦争への道　第七巻　日米開戦」朝日新聞社　昭和三八年　二五四頁

れは八月二十八日から八月三十日の出来事でした。ところが、天皇が木戸に御前会議で質問をしたいと最初に言ったのは八月十一日のことですから、天皇は永野修身の本心がどこにあるのだろうかと気にかかり、懸念を深め、「十分納得のいくまで」質問をしようと考えたわけではありませんでした。

天皇は首相の近衛から、つぎの御前会議で十分納得されるまで質問をして頂きたいと求められていたのです*。

近衛はなにを考えていたのでしょう。対ソ戦を断念した陸軍が、つぎに、南方地域を五カ月で制圧してみせると胸を張って見せるようになって、近衛の不安はつのるばかりでした。いささか長い説明になります。

前に記した二つの出来事をもう一度つぎに掲げましょう。七月三十日に永野修身が天皇に、「三国同盟があるかぎり、日米交渉はまとまりません」と言上しました。永野の真意は三国同盟ではありませんでした。支那事変を終わりにするとの約束ができないかぎり、日米交渉はまとまりませんということでした。

もうひとつは、九月六日の御前会議よりずっとあとの十一月一日の大本営・政府連絡会議です。永野が外交によって日米間の懸案を解決しようと主張しました。東条がにべもなく、「交渉条件を低下させることはできない」と言いました。「低下」させれば、水面に姿を現すのは、中国からの撤兵の問題であることは前にも触れました。

軍令部総長は陸軍の代表に駄目だと言われれば、二の矢が継げません。中国に駐留する軍隊はあらかたが陸軍部隊であって、陸軍が管掌する問題だからです。だからといって、首相の近衛が陸軍大臣に撤兵問題を考えたらどうかと呼びかけても、どうにもなりません。

なるほど総理大臣は、内閣官制第二条によって、「各大臣の首班として機務を奏宣し、旨を承けて行政各部の統一を保持する」職責があります。しかし総理大臣はほかの国務大臣にたいして指揮権を持ってはいません。近衛が東条に向かって、中国から撤兵したらどうかと私的に話し合うことはできますが、命令することはできません。そもそも、首相はその問題を迂闊に閣議で取り上げることができません。陸軍大臣が正面切って反対したら、それこそ首相は「行政各部の統一を保持する」職責を果たせない事実を露呈したことになり、閣内不統一による総辞職となってしまうからです。

前に書いたように、古色蒼然とした明治憲法は、各国務大臣、参謀総長、軍令部総長のひとりひとりが天皇を輔弼するといった仕組みとなっているからです。憲法五十五条は、その第一項に国務大臣は各別に天皇を輔弼すると定めていて、それぞれ平等、

＊　波多野澄雄「日本の視点――陸軍にとっての『真珠湾』」、五百旗頭真・北岡伸一編『開戦と終戦』情報文化研究所　平成一〇年　九二頁、一一四頁

同等の地位にあるのです。

長い説明になりました。近衛が天皇に向かって、御前会議で存分に質問をされるようにと薦めたのは、なぜでしょう。天皇の政務室のなかでの参謀総長と天皇との対話は、閉ざされた部屋のなかのやりとりで終わってしまいます。陸軍大臣が閣内不統一の切り札を隠し持つ閣議の場では、真剣な討議は不可能です。大本営・政府連絡会議もまた、堂々と喋れるのは積極論だけです。ところが、天皇が臨席した御前会議で、十数人の政府と軍の最高幹部が顔を揃え、儀式と呼ぼうと行事と呼ぼうとどちらでも構いませんが、それでも絶大な権威のある、この公式の会議の場で、天皇がつぎつぎと質問をつづけることになれば、その瞬間に、行事でも儀式でもなくなります。「交渉条件を低下させる」問題は否応なく浮上するでしょう。こうしてこそ、天皇の発言、そして天皇が念を押した言葉が明確な新しい指針となり、日米外交交渉のこちらの姿勢を変えるきっかけとなり、必要な譲歩も可能となるのです。このように近衛は考えたのでしょう。

天皇は外交によって平和的に解決しなければいけないと考えていましたから、近衛の薦めに応じ、御前会議で質問をすることを望んだのですが、前に記したように木戸が反対しました。

木戸はなにを考えていたのでしょう。なぜ、反対したのでしょう。これについてはここで語りません。これまた第八章で述べます。

さて、九月六日の御前会議で枢密院議長の原嘉道はつぎのように述べました。「なんとかして外交により国交調整をやるという気持ちが必要である。どうか本案がご裁定になったら、首相の訪米使命に適するように且つ日米最悪の事態を免れるよう御協力願う」

原のその主張はその会議で少し前に述べたことの繰り返しでした。そのときには海軍大臣の及川古志郎が答え、賛成を表明したことから、二度目の原の同じ問いには、だれもがうなずくだけで、なにも言いませんでした。

そのとき天皇が突然発言しました。「ただいまの原の質問はもっともである。なぜ統帥部は答えぬか」と言って、紙片を取りだし、明治天皇の御製を読み上げました。

「四方《よも》の海　皆同胞《はらから》と思ふ代に　などあだ波の立騒ぐらむ」

そして「これを毎日拝誦している。どうか」と言ったのでした。

前に戻ります。九月九日の夜に高松宮は天皇に向かって、明治天皇の御製を詠み上げるだけだったのは残念でしたと語ったのでしょうか。天皇はなんと答えたのでしょう。内大臣が質問はしない方がいいと語ったのだと弁解したのでしょうか。

天皇は高松宮の主張を聞きながら、べつの疑問、懸念があったはずです。永野修身が八月の下旬に一時のあいだであったにせよ、唱えていた主戦論を奇麗さっぱり捨ててしまったことがあって、天皇はひどく驚いたはずです。今度は高松宮が主戦論をきっぱり捨ててしまったようだ、海軍内ではなにが起きているのだろうと考え、あらためて陸軍と海軍との考えが大きく違うことに不安を抱かなかったのでしょうか。

　そして天皇はもうひとつ、べつの小さな疑問もあったはずです。九月六日の御前会議の出来事を高松宮はどうして知っているのかと不思議に思ったはずです。もっとも、横須賀海軍航空隊の勤務ではあっても、高松宮は直宮ですから、海軍省を尋ねれば、次官から、あるいは軍務局長、それとも軍令部第一部の部員から説明を聞くことができましたから、天皇は高松宮にその疑問を問うことはなかったのでしょう。だが、高松宮は九月六日から九日まで海軍省、軍令部に出向いてません。

　六日は午前中、横須賀航空隊に出勤。午後は社会運動家の賀川豊彦を自邸に招き、米国事情を聞きました。七日は日曜日、午前中に満蒙開拓青少年義勇軍の提唱者加藤完治が訪れ、満洲事情を聞きました。夜は大宮御所で母・貞明皇太后と弟の三笠宮に会いました。八日は一日横須賀航空隊勤務でした。九日に気になる記述があります。ひとりの海軍軍人の来訪を記しています。

「〇九〇〇、川井第四艦隊参謀来談*」

　高松宮は川井巌と面識がありました。三カ月前の六月はじめ、高松宮は第四艦隊の旗艦、鹿島に横須賀から乗艦し、マーシャル群島まで航行し、太平洋最前線の通信基地があるエニウェトク環礁に上陸しました。長い航海のあいだ、高松宮は川井と話し合ったこともあり、高松宮は川井が有能な参謀であることも知ったのでしょう。川井は海軍兵学校で高松宮の五期先輩でした。

九月九日、川井は東京にいました。このあと述べることになりますが、連合艦隊司令長官の山本をはじめ、各艦隊の司令長官と参謀が目黒の海軍大学校で対米戦争の図上演習を九月十一日から十日間おこなうことになっていたからです。しかし、最高の国家機密である御前会議における天皇の発言を、第四艦隊の参謀である川井が知るはずはありません。かりに川井がそれを知りえたとしたら、もっと高位の海軍軍人が川井に御前会議の概略を伝え、高松家への伝達役に仕立てたのかもしれません。

第二章で私は八月五日に高松宮が天皇に向って、ただちにアメリカと戦わねばなりませんと説いたのは、その日の昼か、その前日かに高松宮邸を訪れた人物から、陸軍がソ連と戦争をやりかねない状況だ、これを絶対に阻止しなければならないと相談を受けたからにちがいないと記しました。だが、高松宮の日記にはそれらしき人の記述がなかったと書きました。

九月六日の御前会議の内容を知らせた者についても、やはり高松宮は日記に書き記

＊　高松宮宣仁親王「高松宮日記　第三巻」中央公論社　平成七年　二九〇頁

さなかったのか、それとも川井がだれかの使いだったか、断定はひかえるにしても、高松宮に伝えようとした人間がいたことはまちがいありません。

ところで、高松宮は御前会議が開かれることはその前から知っていました。高松宮は九月三日の午前中に軍令部第一部の大野竹二大佐からその日に連絡会議が開かれると聞いたと日記に記しています。その会議で「国策遂行要領」が決まり、正式決定のために、一両日中に御前会議の開催になると耳にしたはずです。当然ながら「要領」の中身も聞いたのでしょう。

さて、高松宮は日記にはなにも記していませんが、その「要領」とはべつに、海軍独自の「国策遂行方針」があったのだと大野から聞いたにちがいありません。その数日前に三日ほど存在しただけに終った幻の海軍方針があったこと、外交と戦争の二本立てにしない、すべてを外交に集中するという案があったことを高松宮は知ったのでしょう。そして木戸内大臣によってそれが潰されたのだという説明に耳を傾けたと思います。

付け加えるなら、高松宮はそのあと九月九日の日記に「不徹底」の一行足らずの記述をするまで、日本の運命を定める重大な国策の形成過程とその決定について、そしてそれにたいする自分の考えをまったく記していないのです。九月九日のあとも同じです。

もう一度、九月九日夜の天皇と高松宮との話し合いに戻ります。それより一カ月前の八月五日の夜と同じように、天皇と高松宮との会話は双方が次第に興奮し、言い争いになったのかどうかは、だれも記録を残していませんから、わかりません。戦争の準備、決意などと言うのは止め、外交交渉にすべてを懸けよと説かれるべきだったと高松宮が天皇に説き、天皇はそれはできなかったと反駁し、折り合いがつかないまま、すっかり憂鬱になった高松宮は暗い気持ちで辞去したのでしょうか。それとも、天皇はたしかに「不徹底」だったと認め、まことに残念だったと高松宮に語ったのでしょうか。そうであったのなら、高松宮の日記は「不徹底」の一行で終らなかったようにも思えます。

秩父宮をもうひとりの内大臣にしようとしたが

九月四日のことです。「不徹底」だったと高松宮が天皇の発言を咎《とが》め立てした日より五日前です。高松宮は若杉要《かなめ》の訪問を受けました。

若杉要は駐米公使でした。かれは野村吉三郎大使の右腕となり、日米交渉の衝に当たっていました。七月末にアメリカが日本にたいして全面的に経済封鎖をするといった容易ならぬ事態の展開となって、その年四月からつづいていた日米関係改善のだらだらした、どこか嘘くさい、散漫な形の交渉は終りました。日本ははっきり大きな譲歩をする決意をいよいよしなければならなくなりました。若杉は野村大使と協議し、外務大臣の豊田貞次郎と連絡を取り、一時的に帰国し、政府と軍の首脳に「任地事情報告」をしようということになりました。ワシントンを出発したのが八月一日でした。

若杉要について説明しましょう。かれは上海の東亜同文書院の出身でした。この学校は日本の学生を中国で学ばせるために近衛文麿の父、近衛篤麿が明治三十四年につくりました。卒業生からは中国を専門とする優秀な外交官を生みだしましたが、若杉もそのひとりでした。外務省に入省のあとにアメリカの大学に留学しました。そこでかれは中国語と英語が自在に使える数少ない外務省の人材だったのです。昭和十六年にかれは五十八歳でした。

付け加えておきましょう。昭和十七年に交換船で帰国するときには若杉は体の具合が悪く、戦争中に亡くなりました。昭和十八年十二月十二日、かれの告別式に出席した評論家の清沢洌《きよし》は日記につぎのように書きました。「この人に日米交渉の事を聞いて置かなかったことが遺憾であった。有能な人を死なしたのは惜しい*」。その清沢も終戦を待たず、昭和二十年五月に急死しました。若杉と同じように戦後に大きな活躍をしたはずの人物でした。

昭和十六年八月に戻ります。若杉がワシントンを立ち、サンフランシスコに着いたときには、経済制裁が発動されたことから、サンフランシスコ線に配船予定の日本郵船の船は入らず、シアトルに入った船はすでに出帆してしまい、もはやどちらの港にも日本の船は入りません。やむをえずロサンゼルスに行きました。すでに七月から日本の船だけはパナマ運河を通過できなくなっていました。日本船にパナマ運河を爆破されるのを恐れての措置でした。そこでニューヨーク線も休止となっていました。南米の港からロサンゼルスに立ち寄る大阪商船か、川崎汽船の船を若杉は待つことになりました。

ところで、若杉がワシントンを出発した八月一日には、東京の政府・軍首脳はだれもが経済封鎖の大きなショックになおも茫然としていました。若杉が横浜行きの船に乗ることができた八月中旬には、人びとのショックは薄らぎ、だれもが日米首脳会談に大きな期待を懸けるようになっていました。海軍大臣の及川古志郎が日米首脳会談によってすべての問題が解決できると嬉しそうに語り、海軍軍務局長の岡敬純がホノルル沖で礼砲で迎えられるのだと喋っていたことは前に記しました。若杉が横浜に上陸したのは八月三十日でした。ルーズベルトが会談の開催に気軽に応じ、会談地はここにしよう、いや、あそこにしようと言ってみせはしても、国務省の首脳が会談の開

＊ 清沢洌「暗黒日記」評論社　昭和五四年　二〇二頁

催を引き延ばしにかかっていることに、人びとの胸のわだかまりは膨らむばかりとなっていました。かれらは若杉に向って、日米首脳会談の開催をアメリカ側にうんと言わせるためにはなにをしなければいけないのかと問うたのでしょう。

三国同盟を有名無実なものにすると前もってアメリカ側に伝えるべきだと若杉は近衛首相、豊田外相に説いたのでしょう。前に記したとおり、アメリカは日本が結んだ三国同盟を異常に警戒していました。アメリカが英国を助けて、参戦したら、日本はドイツの側に立って、戦うことになるのではないかと懸念していたのです。そして前もってアメリカに約束しなければならないもうひとつの問題がありました。支那事変を解決し、撤兵すると伝えることだ、撤兵の期限を明らかにすべきだと若杉は言ったはずです。

土台、無理な注文でした。その二つの問題を前もって国内で解決できないからこそ、近衛首相はすべてを首脳会談に賭け、海軍幹部は近衛首相のアメリカ行きが決まるのを祈る気持ちで待っていたのです。

前に記したことをもう一度、書きましょう。七月三十日に永野修身が天皇に上奏して、「三国同盟があるかぎり、日米交渉はまとまりません」と言上したことは、第二章に記しました。これも、そこで述べたことですが、永野は天皇に向って三国同盟の問題は口にできても、「支那事変をつづける限り、日米交渉はまとまりません」とは言上できなかったのです。軍令部総長が支那事変に口出しをしたと陸軍側が知ることになれば、陸軍とのあいだの深刻な対立となってしまい、望みを捨ててはならない日米和解への道を潰してしまうことにもなりかねなかったからです。永野修身にとって、平和回復の道は、先の先まで見えていたはずだったのが、その道の入り口に立って、立ちすくむことになったのだとは、これも前に述べたことです。

若杉の一時帰国のあいだに、役人や新聞記者が語るようになった挿話があります。日米外交交渉の議題に中国問題が入らないのは、ハムレットが登場しないハムレット芝居のようなものだとアメリカ国務省の高官が語ったというのです。若杉が喋ったことから、語られる話題になったのでしょうが、聞いた人びとは顔をしかめるか、苦笑いすることになったはずです。

なぜだれもがこの問題を論議できなかったのでしょう。これまた第八章で述べることになりますが、ここで一言記しましょう。支那事変の問題、そして撤兵問題を俎上にのせ、それを解決するとアメリカに約束することになれば、最終的には、参謀総長である杉山元、かれが陸軍大臣であったときに支那事変を拡大してしまったことの責任が問われるようになるのは必然です。そこで昭和十二年から陸軍中央にいる陸軍幹部は「でき得る限り速やかに撤兵する」といったたぐいの抽象的な誤魔化しすら、言うつもりはなかったのです。

もちろん、陸軍の幹部たちは自分たちがかげで非難され、五年かかっても支那事変を解決できなかったから、アメリカにつけこまれる羽目になったのだと批判されていることを知っていました。そして陸軍の幹部たちをさらにいたたまれない気持ちにさせたのは、これも前に見たとおり、陸軍はノモンハンのあの敗北に報復する気力もないのだ、情けない限りだと思われるようになったことです。そこでこれも前に述べたとおり、その屈辱を一気に晴らすことができると考え、たちどころに陸軍指導部の総意となったのが、香港、フィリピン、マレーを含め、南方地域のすべてを五カ月以内に制覇してみせる戦いだったのです。アメリカをして建国以来、英国をしてアメリカの植民地を失って以来の大敗北を喫させることができます。そして参謀本部の杉山元と田中新一、陸軍省の幹部たちはその五カ月あとの戦いには素知らぬ顔でした。南海支隊で充分だとかれらが思おうとしていたことは前に記しました。こうしてかれらは撤兵問題などなぜ論議する必要があるのかといった態度をとっていたのです。

若杉が東京に戻って一週間あとの九月六日に御前会議は開かれました。前に何回も見てきたように、戦争と外交、二本立ての「帝国国策遂行要領」を定めることになりました。枢密院議長の原嘉道が陸軍首脳の東条英機と杉山元に向って、これも前に引用したとおり、「首相の訪米使命に適するよう」に「御協力願う」と念を押したのは、首脳会談に懸ける以外にないと思ってのことだったのです。前に枢密院議長は御前会議で自分の考えも述べるのだと記しましたが、この発言こそ原個人の主張だったのです。

その日の夜、近衛首相はグルー駐日大使に会い、つぎのように言いました。「懸案となっている一切の問題はルーズベルトとの会談のなかで相互に満足しうるよう処理しうるを確信する。ルーズベルトと同意に到達し、その旨を天皇に報告し次第に、天皇は直ちに一切の敵意ある行動の即刻停止を命ずる詔勅を発するであろう」*

海軍の幹部たちと原枢密院議長は首脳会談の開催をただただ念じています。近衛首相はグルー大使に伝えた自分の真意をルーズベルト大統領に阿吽《あうん》の呼吸で理解して欲しいと望むしかありません。若杉公使も同じこと、陸軍の幹部を説得し、駐留年限を短くするように説得する特別な智慧や手腕を持つはずもなかったのです。

付け加えるなら、この九日あとの九月十五日に横浜を出港する船に若杉は乗ります。それを逃したら、アメリカから帰国する日本人のための引き揚げ船ということになり、十月になってしまいます。

さて、高松宮が若杉に会った九月四日に戻ります。九月三日に軍令部第一部の大野

---

* Joseph C. Grew, *Turbulent Era: A Diplomatic Record of Forty years, 1904-1945*. Vol. II. Boston, Houghton Mifflin, p. 1329

部員から話を聞き、翌日に若杉公使から説明を受けました。前に記したことですが、「国策遂行要領」から「両論併記」を削ろうとした海軍案があったのを高松宮ははじめて大野から聞いたのだと思います。その「両論併記」があるために、撤兵問題を取り上げることができないのだと高松宮も気づいたのでしょう。そして海軍のその案を潰したのが木戸内大臣であることも高松宮は大野から聞いたはずだと前に記しました。

高松宮は若杉公使から、これも日記にはなにも記していませんが、なにを聞いたのでしょう。若杉は外務省の幹部から、高松宮は天皇に直言できる機会がつねにあるという情報を耳にしたのであれば、そして海軍首脳部は一致して首脳会談が開かれるのを願望していると知ったのであれば、高松宮にはっきりと語り、撤兵の用意があると前もってアメリカに知らせること、抽象的な表現ではなく、おおよその撤兵の期限を告げることがなによりも必要だと喋ったにちがいありません。

高松宮が大野部員と若杉公使から話を聞いたあとのことでしょう、素晴らしいアイディアを思いつきました。アメリカとの戦争を回避するためにはこれ以上の方法はありません。秩父宮を天皇の相談相手にしようとする計画です。お上には秩父宮の助力が絶対に必要だ、秩父宮であれば、撤兵問題と陸軍の反対という難しい問題を一気に解決できる、高松宮はこう考えたのです。

ここで秩父宮についての説明をしなければなりません。

秩父宮は大正天皇の第二皇子です。明治三十五（一九〇二）年の生まれです。学習院の初等科、中等科で学びました。明治天皇は皇太子以外の皇子は軍人となるようにと定めました。こうして秩父宮は陸軍軍人、高松宮は海軍軍人、三笠宮は陸軍軍人となります。秩父宮は学習院中等科の途中から陸軍幼年学校に入学し、つづいて陸軍士官学校、陸軍大学校で学びました。そのあと隊付き士官の道を歩み、支那事変がはじまったときには、参謀本部の作戦課に勤務するようになります。昭和十五年になって、体の不調がつづき、結核に罹っているとわかります。その年八月に軍務と皇室行事を離れ、東京を離れ、昭和十六年九月から御殿場で静養し、昭和三年に結婚した勢津子妃の看護のもと、闘病生活を送るようになっていました。

高松宮は素晴らしいアイディアを思いついたと記したばかりですが、前面には大きな壁があることを承知していました。その壁のことはこのあと語るとして、お上に直接説いて、同意を得ることにするか、それとも内大臣に説き、内大臣から天皇の許しを得るか、二つの方法がありました。

九月九日に高松宮は皇居のニュース映画を観る集まりに出て、そのあと天皇に向って、御前会議のお上の態度は「不徹底」だったと批判したことは記したばかりです。あるいはそのとき、高松宮は秩父宮をお上の相談相手にされてはいかがと薦めるつもりでいたのかもしれません。それを語る機会がなかったということは、「不徹底」をめぐっての論議が高松宮の望むどおりにいかなかったからかもしれません。残念だった、たしかに「不徹底」だったと天皇が認めたのであれば、高松宮は天皇に向って、秩父宮の助力を求めたらどうでしょうと言うことができたのかもしれません。

じつは天皇と秩父宮の仲は決して良くありませんでした。さきほど述べた壁というのはこのことです。

秩父宮は大正天皇の第二皇子だと前に語りました。第一皇子とは一歳違いでした。京都時代の皇室とそれを取り巻く公卿社会では、生まれた子を健康に育てるのにいいと信じて、親元から離し、農家に預けるという慣習がありました。二人の皇子もそのようにされました。

養い親の率直な驚きは、のちに昭和天皇となる第一皇子とのちに秩父宮となる第二皇子の性格がまったく対照的だったことでした。幼児期の昭和天皇は万事に消極的、秩父宮はなにごとにも積極的だったのです。

養い親は農家ではありません。なにせ明治になってのことですから、鹿児島出身、伯爵、枢密顧問官である海軍中将、川村純義《すみよし》でした。皇孫御養育主任という肩書がついていました。川村は明治三十七年に亡くなりますから、そのときに第一皇子は満三歳、第二皇子は満二歳でした。そのように幼くても、二人の違いは歴然たるものだったのです。川村は「かくも違うものか」と嘆じたと言います。

消極的な性格と積極的な性格のこの二人は一緒に育っていくあいだに、お互いをどのように思ったでしょう。そして二人の性格は成長したあとになっても変わらずに残りました。二人の受けたそれぞれの教育はその幼児時代の気質を変えるどころか、助長することになってしまったからです。

第二皇子、第三皇子、第四皇子は、いまさっき記しましたように市民的教育を受けませんでした。第一皇子、のちの昭和天皇は帝王教育を受けました。高輪の御学問所における教育です。本来なら学習院の中等科に進むはずの十三歳のときから、特別教育を受けました。これが市民的教育からはるかに遠い教育となりました。陸軍、海軍の学校で学んだほうがまだしもずっと市民的教育に近かったのです。

私は長いあいだ「昭和二十年」を書き続けていますが、そのなかで「まことにいびつな帝王教育」と記したことがあります。皇太子を大事に大事に教育しようとしての失敗です。私はつぎのように書きました。

「天皇の皇太子時代のことになるが、大正八年、五月八日、満十八歳の成年式の祝宴が、いまはない宮中豊明殿で開かれた。わが国最上層部の一千三百人の人びとが参集した大盛宴であり、千草の間から東溜《ひがしだまり》の間まで、袖に金モールを巻きつけた礼服、胸に数多くの勲章、そして肩から色とりどりの幅広い綬《えい》を掛けた人たちであふれた。ところが、この大祝宴で皇太子はなんの挨拶をすることもなく、参加者の祝辞になにも答えなかった。

皇太子は人と話そうとしない、これは東宮御学問所の教育方法に大きな誤りがあったのだと囁かれていたが、まさにそのとおりだった。……前に学習院院長だった型破りの軍人、三浦梧楼が激しく怒った。かれは東宮大夫、御学問所の副総裁の浜尾新《あらた》に向かって、殿下がお話しできないのは君の責任だと難詰した*」

またべつの機会につぎのように記しました。

「天皇が軍事問題の助言者を持たないことをずっと心配してきたのは皇弟たちだった。……

天皇は、威容を誇るだけの観艦式と、こちらはお芝居と変わりない大演習、そして軍学校の卒業式に顔をだすだけの名ばかりの大元帥の自分と異なり、陸軍大学校時代には毎夜遅くまで戦術についての宿題作業に取り組む秩父宮に人知れず敬意を払っていた時期があったのは間違いない。軍事学を専門に学び、兵営、練兵場で研鑽を積み、参謀本部第二課作戦班に籍をおくことになった秩父宮の意見に耳を傾けたことであろう。だが、天皇はやがて週一回、皇弟と会うのが重荷となったのではないか。

秩父宮の相談相手は、同じ作戦班にいた英才の聞こえ高い堀場一雄だった。現在、四十五歳の堀場は第五航空軍参謀副長だが、専門は中国だ。支那事変の早期解決を一貫して主張していた。参謀次長の多田駿《はやお》も和平論者だった。慶応元年生まれの参謀総長、閑院宮載仁親王《かんいんのみやことひと》は官邸に閉じこもっていた。ところが、政府、参謀本部、陸軍省の多数派は主戦論者だった。

天皇は多数派、主流派の主張の側に立ち、秩父宮の考えと対立した。学習院、さらには陸軍士官学校、陸軍大学校で活発率直に自己表現をする訓練を積み、明確な語彙を用いることのできる秩父宮と論争して、天皇は互角に太刀打ちできなかった。前に述べたことを繰り返すなら、天皇は皇弟としっかりと討論できないこと、説得できないことが苦痛となったのであろう。

やがて天皇は責任を持たない者と内政外交の問題を語ることを拒否することになったのではないか**」

天皇と秩父宮の関係がぎくしゃくしていたことは、前にも記したように、高松宮は承知していました。だが、秩父宮が天皇の相談相手にならなければ、日米間の最大の懸案、もっとも難しい問題を解決することができないと高松宮は思ったのです。

高松宮がそう考えて、当然でした。秩父宮は支那事変を終わらせるべきだと天皇に

＊　「昭和二十年　第一部＝10」草思社　平成一四年　一七頁（文庫版二九頁）
＊＊　同右　二七～二八頁（文庫版三三～三四頁）

何度も主張し、首相と参謀総長の二人をお召しになり、はっきり下命されるべきだと迫ったことがありました。すべては闇のなかに封じ込められ、語る人とていませんが、昭和十三年七月には支那事変を終わらせようと考えた参謀次長の多田駿と首相の近衛は秩父宮を参謀総長にしようとする容易ならぬ計画をたてたこともあったのです*。

いま絶対に必要なのは、お上が秩父宮の考えを聞かれることだ、宮に助力を求めることだとお上も理解されるにちがいない、高松宮はこう考えたのでしょう。木戸幸一を説得しようと九月十六日に行動にでました。木戸幸一に高輪の邸に来てもらいました。高松宮は木戸にどのように説いたのでしょう。日米交渉はまことに難しい状況にある、秩父宮にも外交交渉の中身と政府・軍の討論のすべてを知ってもらう必要があると説いたのでしょう。そして、もう一歩踏み込んで語ったのでしょうか。前に記したことですが、高松宮が木戸は陸軍と同じような考えを持っているようだと疑っていたのであれば、そして永野軍令部総長の願いを潰したのだと承知していたのなら、木戸に仄《ほの》めかしてもいけないのは、秩父宮であれば、日米和解の障害となるようなら、陸軍現執行部の総入れ換えをするようにとお上に申し上げるだろうというような事柄です。高松宮は言葉を選び、慎重に木戸に喋ったのでしょう。

木戸はその日の日記につぎのように記しました。

「日米国交調整を中心に御意見を承り所見を言上す。尚、時局重大の折柄、秩父宮殿下にも御前会議の決定其他を言上し置く要あるべしとの御意見にて、右を可然《しかるべく》取計い方尽力する様にとの思召あり。余としては御病気御恢復に影響なき様なれば勿論御言上申上ぐること当然なれども、万一御障りなきやを恐るる旨言上、篤と各方面と協議の上取計べき旨御答す**」

　これを読んだ読者のなかには、第一章で見た、それから二カ月半のちの十一月三十日のかれの日記の記述と似ていると思う人がいると思います。そのとおり、よく似ています。十一月三十日の日記は、なにもかも包み隠すことなく記しています。そしてかれはこのあとだれにたいしても、この叙述どおりに喋ったにちがいありません。大きな秘密はこのようにして隠し通すことができるのです。この九月十六日の日記がまったく同じです。すべてのことはしっかりと漏らすことなく書いてあります。高松宮が説いたこと、自分の返答、その要点は洩れることなく日記に記しました。申し分ありません。このあとこのようにだれにたいしても喋ることになります。そしてかれは自分の本心を上手に隠しました。

　かれの本心は、秩父宮を第二の内大臣にするなど絶対に認めないということでした。

＊　額田坦「陸軍省人事局長の回想」芙蓉書房　昭和五二年　七七頁

＊＊　編者　木戸日記研究会「木戸幸一日記　下巻」東京大学出版会　昭和四一年　九〇七頁

秩父宮が国務に参画するようになったら、「御病気御恢復に影響」があるというのが侍医の意見であり、宮廷の総意でもあると高松宮に引導を渡すつもりなのは、宮の話を聞きながら、木戸が即座に決めたことだったはずです。

木戸が秩父宮をどのように見ていたのかを書いておかねばなりませんが、それより前に町の噂を記しておきましょう。秩父宮は二・二六の叛乱に関係したことから、御殿場に幽閉されているのだ、鎌倉の土牢に閉じ込められた後醍醐天皇の息子、護良《もりなが》親王と同じなのだといった刺激的な噂を聞いたことのある人は少なくありませんでした。処刑された青年士官たちに同情的な人たちが多かったことから、このような話を聞けば、心の底にうずきを感じることになった人もいたのです。秩父宮が御殿場に移ったのは昭和十六年の九月のことでしたから、そのような噂がひろまったのは、アメリカとの戦争がはじまってからのことでした。

この話をばかばかしいと笑うことはできません。戦後のことになりますが、「秩父宮擁立というのはちょいちょいあったんです」と語る人がいたのです。だれが言ったと思います。木戸幸一です。木戸はなにを思い浮かべて、そんな出鱈目を言ったのでしょう。これについては第八章で記しますが、昭和十六年に木戸は秩父宮に強い警戒心を持っていたはずです。高松宮がなにも言わなくても、木戸には宮の胸のうちははっきりわかっていたのです。陸軍首脳陣の四人から五人を入れ換えるべきだと天皇の耳に入れることのできる日本でたったひとりの人物は秩父宮です。木戸が秩父宮をもうひとりの内大臣にするはずはありません。木戸が高松宮の願いに応じ、日米外交交渉の問題に秩父宮が口出しできるようにすることはありえなかったのです。

さて、高松宮が木戸に秩父宮を起用するようにと申入れた九月十六日の宮の日記を記しておきましょう。

「一五三〇、木戸内大臣に話にきてもらう。大分私が所見をのべたことになった。意見一致していた。尤《もっと》も彼リコウなれば、反対の意見は人を見ていて云わぬ*」

高松宮が、その夜か、それとも一両日あとか、手控えの手帳をひろげて、日記帳にそれを記述しようとしたときには、宮の大きな期待はすっかりしぼんでしまい、事実上、内大臣を二人にしてしまうことを木戸が認めるはずがない、九分九厘駄目だと諦めていたのだと思います。そして十日あとに、高松宮は木戸から天皇の返事を聞きました。療養中の秩父宮は静養が必要だから、宮にたいして政府や軍の首脳が言上するのは控えたいということでした。だが、高松宮が秩父宮を見舞われたとき、陛下の許しを得ての内外の問題を伝えるのは差し支えないということがつけ加えられていました。

＊　高松宮宣仁親王「高松宮日記　第三巻」中央公論社　平成七年　二九四頁

秩父宮を外交担当の内大臣にしようとした高松宮の計画は破砕されました。野村・若杉チームに向って、譲歩せよとの指示を与えるようにとお上に助言できる者はどこにもいない、首脳会談が開催できたとして、新田丸船上の近衛首相に譲歩してよろしいと伝えよとだれが天皇に助言することができるのだろうかと考えて、高松宮は深い溜息をついたにちがいありません。

そこで読者の心が揺さぶられるのは、それから四年あとの昭和二十年五月十八日の高松宮の日記の数行でしょう。その前夜、宮は宮廷の高官たちに向って、天皇、皇太后が疎開されるのであれば、これは陸軍が決めることではない、宮内省が主導すべきだと説きました。そのとき高松宮が秘かに恐れたのは、長野県の松代に天皇が移ってしまえば、天皇は本土決戦を説く抗戦勢力の陸軍の虜《とりこ》になってしまい、早期の戦争終結が難しくなる恐れがあるということでした。だが、高松宮の主張は賛成を得られませんでした。じつは宮内大臣や宮内次官は松代へ移ることを内々に早くから承知していて、いまになって反対できなかったことと、大本営の移転となれば、このさきは本土の戦いとなるのだから、海軍の発言権は薄れ、陸軍任せとなるのはいたしかたないと諦めていたからでした。

高松宮は戦争を終わらせるためになにもできない自分の無力、無能さを日記に書き綴っていくうちに、この戦争を回避しようとして、秩父宮をお上の真の内大臣にしようとして失敗した昭和十六年九月の記憶が思い浮かんだのでしょう。「私は政治にはもともとふれる趣味もなく、お上がそれをお喜びにならぬのをよいことにしていたら、お兄様の御病中に大戦争になり」*と綴ったのでした。

---

* 高松宮宣仁親王「高松宮日記　第八巻」中央公論社　平成九年　八五頁

第四章　山本五十六、対米戦を回避しようとして

パネー号事件を平和的に解決した山本五十六次官

いよいよ山本五十六について書かねばなりません。最初に記したとおり、かれについては、おびただしい数の伝記、評伝、追想、論評があります。昭和四十（一九六五）年に発刊された阿川弘之の「山本五十六」もそのうちのひとつです。大正の末か、昭和のはじめ、大佐時代の山本五十六が海軍兵学校の同期生二十人ほどと撮っている写真を見て、ほかの人たちよりも、かれの印象が薄いと感じたと阿川は書いて、そのあとすぐに山本が連合艦隊司令長官となった昭和十四年八月三十日を記しています。

私もかれが連合艦隊司令長官となったことから語ろうと思います。海軍大臣の米内光政が次官の山本を連合艦隊司令長官にしたのは、かれが暗殺されることを恐れて、海上にだしたのだと言われています。なるほど陸軍省軍務局は右翼にカネを与えて、山本を脅させ、陸軍省の秘密機関の資料調査部が山本の周辺を調べた材料をもとに、赤新聞が山本を罵倒していました。だが、すべては昨日までのことでした。その八月の末、天皇はそのときに海軍大臣だった米内光政をつぎの首相にと考えていたことは間違いなかったのですし、元老の西園寺公望はつぎの首相には池田成彬がいいと口にしていたのです。三井の大番頭だった池田は「親英派の巨頭」と名指しされて、山本五十六とともに右翼の暗殺リストに載せられていました。

暗殺を恐れて山本五十六を連合艦隊司令長官にしたと米内光政が語ったのは、うっかりそんな具合に喋ってしまっただけのことだったのかもしれません。そして本当はごくごく単純な玉突き人事だったのでしょうか。平沼内閣が総辞職する。米内大将は海軍大臣を辞め、軍事参議官になる。連合艦隊司令長官の吉田善吾を海軍大臣にもってくる。そこで海軍次官の山本五十六をその後任に据える。それだけのことだったのでしょうか。

山本が連合艦隊司令長官になる二日前の八月二十八日、平沼内閣が総辞職することになって、首相の平沼騏一郎が「欧州の天地は複雑怪奇」と語ったのは、昭和史にいささかの関心を持つ人なら、だれもが記憶している言葉です。だが、あらかたの読者が忘れているのは、そのとき日本を取り巻く国際情勢がまさに「複雑怪奇」だったことです。

前に記したことですが、昭和十年から昭和十六年八月はじめまでのあいだ、天皇が非常に心配した一週間から十日ほどの分け目のときがありました。その昭和十六年の七月末から八月はじめまでのあいだのほかに、昭和十一年の二月の末、昭和十二年の十二月、そしてもうひとつが、この昭和十四年の八月下旬でした。

そのとき天皇はずっと葉山の御用邸に滞在していました。夏の葉山行きは天皇の慣例でしたが、その年の七月十二日からの葉山行きは少々違いました。天皇は陸軍にたいして大きな憤懣を抱いていました。朝日新聞の政治記者だった高宮太平はそのときに天皇は不眠症にかかっていたのだと語っています*。天皇の鬱々とした感情は侍従たちにも伝染していました。八月四日につぎのような事件が起きました。横須賀の浦賀に近い馬堀《まぼり》に陸軍重砲兵学校がありました。実弾射撃の訓練をするために、野砲隊が三浦半島の丘陵を越えて、葉山町の南隣にある秋谷海岸に向いました。侍従のひとりがたまたまその隊列を見て、肝を潰したことから、御用邸は大騒ぎとなりました。陸軍がクーデターを起こし、御用邸を占拠しようとするのだと思ったのです。侍従武官長、陸軍大臣、参謀総長、重砲兵学校長のあいだで電話が錯綜し、ごたごたがつづきました。誤解であることはすぐに明らかとなり、訓練はそのままおこなわれたのですが**、これこそ、その年八月の天皇とその周辺の心情を浮き彫りにした事件だったのです。

日本と日本を取り巻く「天地」がどんなであったかをつぎに記しましょう。昭和十四年のはじめから、ドイツと同盟を結ぼうとする陸軍はそれに反対する海軍と争いつづけ、陸軍は同盟支持の空気を盛り上げようとして、反英運動を展開させ、国内の親英派と見られている著名人に圧力をかけようとしました。そこで英国の華北における経済影響力を痛めつけようとして、北支那派遣軍が六月に天津の英国租界を封鎖しました。その問題を解決するために日本代表と駐日英国大使が会談を開くのに合わせて、東京をはじめ、全国の大都市で、六万人から十万人のかつてない大規模の反英集会やデモ行進が、広場や大通りを埋めつくし、反英スローガンを叫ぶといった光景をつくりだしました。

さらに陸軍は右翼を使って、ドイツとの同盟締結に反対する海軍を非難させ、「赫々たる皇国海軍をして重臣財閥の私兵たらしむる」と罵倒させ、海軍次官の山本五十六に悪口雑言を投げかけさせ、辞職勧告を出させるといった具合で、国内は騒然たる雰囲気となっていました。

天皇はドイツと同盟を結ぶのに反対なら、反英運動にも反対でした。天皇が葉山に七月十二日に向ったのは、東京を起点にして七月十五日から全国の都市でおこなわれる反英運動を自分が支持していないことを英国側に告げようという気持ちがあったのだと解釈しても、間違ってはいなかったのでしょう。

ところで、アメリカが英国をそっと背後から支え、日本にたいする対決姿勢を強めました。七月二十八日の東京各新聞の夕刊に、アメリカ国務長官のハルが日米通商航

*　高宮太平「米内光政」時事通信社　昭和三三年　一一一頁

**　野村実「太平洋戦争開戦の問題点」『歴史と人物』昭和五八年一月増刊号　三一一頁

海条約の廃棄を日本側に通告したという至急報が載りました。明治四十四（一九一一）年に締結され、二十八年つづいてきた条約です。このあとアメリカは日本商品の輸入関税を自由に引き上げることができるようになり、日本にたいして経済封鎖をするにあたって、法的な障碍はなくなります。

さて、天津問題に関しての日英間の会談は英国側がさらなる譲歩を拒否して、八月二十日に決裂しました。日本側は英国の背後にアメリカの支援があるのに腹を立て、たとえば翌二十一日付けの朝日新聞には「非友誼的措置に対応　対米強硬方針を決意外務、従来の態度一擲」という見出しの記事が載りました。ところが、陸軍省と参謀本部でこれを読む余裕のある者はいませんでした。それどころか、会談を決裂させた英国に抗議をする大集会、デモをさせるといった計画などどこぞへか吹き飛んでしまいました。

日英会談が決裂した八月二十日、満洲西部国境のノモンハンで五月からつづいていた小さな戦争が瞬時のうちに大戦争となりました。ソ連軍の突然の大攻勢がはじまり、小松原道太郎師団長麾下の第二十三師団は二倍以上の敵軍にたちまちのうちに包囲されてしまいました。恐ろしい数の死傷者がつづくことになります。だれもがまったく予期していなかったのですが、さらにだれもが予想していなかったことがつづいて起きました。

八月二十二日の早朝、ドイツ政府がソ連と不可侵条約を締結すると発表しました。翌二十三日の東京の夕刊が一斉にそれを載せました。侍従武官長の畑俊六はそのとき葉山にとどまっていました。畑は五月に侍従武官長になったばかりでしたが、天皇に大変に信頼されるようになっていました。そのとき陸軍省軍務局軍事課員だった西浦進がのちに畑を評して、これほどさきの見える人は見たことがない、少なくとも歴代陸相随一だといささか気に懸かる褒め方をしました。聡明さということなら畑には決して負けない西浦は、このあと東条陸軍大臣の秘書官、戦後、防衛研修所の初代戦史室長となります。

畑俊六は天皇の言葉を日記につぎのように記しました。

「これで陸軍が目ざめることとなれば却て仕合せなるべし」*

天皇は懸念と怒りをずっと抱いていましたが、自分は決して間違っていなかったのだと自信を取り戻し、いまこそ主導権を執らねばならないと考えました。当然、大失態を重ねた内閣は総辞職となりますが、前に触れたように、首相に米内光政をと天皇は考えたのでしょう。陸軍大臣は畑俊六にします。天皇が新侍従武官長の畑を高く買っていることは述べたばかりです。もちろん、関東軍司令官も変えなければなりません。

＊　伊藤隆ほか解説「陸軍　畑俊六日誌」みすず書房　昭和五八年　二二九頁

ところで、天皇は高級陸軍軍人にどのような基準で甲乙をつけたのでしょう。信頼度を測るリトマス試験紙となっていたのは、二・二六事件が起きたときに陸軍軍人が最初に示した態度でした。そのときに参謀次長だった杉山元、関東憲兵隊司令官だった東条英機は満点だったのですが、梅津美治郎もまた満点でした。仙台の第二師団長だった梅津は右顧左眄《うこさべん》することなく、ただちに討伐せよと陸軍中央に電報を打ったのです。旭川から熊本まで、各地の師団長は押し黙り、なによりも情報を得ることが大事と考え、信頼できる部下を東京に派遣しようとしていました。事件収拾のあと、梅津は陸軍次官に選ばれ、陸軍再建の任務を負わされることになりました。畑はどうだったのでしょう。蜂起した士官たちの背後にいた軍高官とは無縁でしたし、そのときには航空本部長でしたから、どう立ち回ったらよいかと頭を悩ます必要はなく、じっと見ていればよかったのです。

さて、ノモンハンで第二十三師団が潰滅的打撃を蒙り、関東軍司令部は火事場騒ぎとなっていました。満洲東部正面に配備した主力部隊を満洲西部のノモンハン周辺に集めようとしていました。もう一戦しなければ男の意地が立ちません。しかし、満洲で戦いをつづけることはできません。満洲を守る関東軍はそのとき八個師団、満洲を取り囲んでいるソ連軍は三十個師団にものぼっていました。停戦協定を結ばねばなりません。関東軍をしっかりと抑え、ノモンハンの戦いの後始末をし、責任者の処分をしなければなりません。満洲に派遣する将官は、梅津以外にはいません。

天皇は八月二十四日、東京に二十六日に戻ると侍従に告げました。新聞は英国やフランスが戦争近しと見ているとヨーロッパの緊張の状況を大きく伝えていましたが、ノモンハンの戦いについては、たとえば二十一日の夕刊に「ハルハ河畔再び緊張　ソ連機四十を撃墜　敵砲兵陣地にも痛撃」といった見出しの記事を載せただけでした。関東軍司令部はまったくの出鱈目を発表し、大敗北の事実を隠し通そうとしていました。それでも新聞は政府首脳の慌ただしい動きを朝夕伝えていましたから、「防共枢軸」のドイツが日本を見捨て、共産主義国家のソ連と手を握ったことが政府と陸軍をどれだけ大きく打ちのめしたかは、これまたひどい裏切りにあったと思っている国民のだれにもはっきりわかったのです。

八月二十六日の午前十時半、天皇が東京に戻るにあたって、葉山の御用邸に宮内大臣、内大臣、侍従長、侍従武官長、宮廷高官のすべてが勢揃いしました。宮廷官吏ではありませんが、国内の治安を司る内務大臣の木戸幸一もお供の一員です。

天皇は逗子から東京までの宮廷列車のなかで、内大臣の湯浅倉平を呼び、次期首相の候補を尋ねたのでしょう。後継首相の選定は元老の西園寺公望と湯浅の任務です。湯浅と西園寺、そしてこの二人に協力する人たちが次期首相にと取り上げたのは、広田弘毅、宇垣一成、池田成彬です。広田の名前が出たのは、対ソ関係を修復しなければならないと考えたのでしょう。外務省出身の広田はソ連との関係を是正した実績があるのを買われてのことです。敗戦の年、ソ連に和平の仲介を求めようとして、昭和二十年六月はじめから、マリク駐日ソ連大使と交渉をしたのが広田でした。陸軍最長老の宇垣の名前が出たのは、野放図な陸軍を粛正するのに大鉈《おおなた》をふるうことができるのは、かれだけと期待してのことです。池田をだれかれが取り上げたのは、地に落ちた対英関係の回復を望んでのことでした。

車内で天皇と内大臣が話し合ったのなら、これら候補の名前を挙げたのでしょう。ところが、そのあと実際に首相に選ばれたのは、西園寺と湯浅、かれらから相談を受けた人びと、そして政治部記者たちのあいだで、ただの一度も名前がでたことがない、その顔を思い浮かべたこともない人物、阿部信行でした。天皇の脳裏にも浮かんだことのない人物でした。

阿部は陸軍大将、そのとき六十三歳、荒木貞夫、真崎甚三郎、松井石根と陸軍士官学校で同期でした。この三人の名前はよく知られていましたが、阿部を知る人はいませんでした。その八月末、陸軍をしっかり抑えることのできる首相をだれもが望み、前にも記したように宇垣一成をという声が大きかったのですが、宇垣が陸軍大臣だったときに、次官だったのが阿部でした。円満といわれた人柄でしたから、かれを批判する人たちからは日和見主義者と言われもしました。

さて、阿部信行をだれが天皇に推薦したのかは、だれにもすぐにわかりました。木戸の長女が阿部の長男と結婚したことから、木戸は阿部と急速に親しくなっていたのです。阿部の長男は軍人ではありません。住友金属工業に勤めていました。次男の信弘のことを書かねばなりません。陸軍士官学校の卒業、航空士官でした。昭和十九年十月、インド洋のニコバル諸島沖で英国海軍の空母に体当たり攻撃をしました。特攻隊の攻撃がはじまる直前のことでした。この大戦争でもっとも多くの犠牲者をだした大正十一年の生まれ、二十二歳でした。

阿部に大命降下があるまでの八月二十七日、二十八日に、その日記で明らかなとおり、木戸は天皇に呼ばれていません。八月二十六日に天皇のお供をして葉山から東京に戻る宮廷列車の中で、かれは天皇に呼ばれたのでしょう。木戸のその日の日記をつぎに掲げます。

「午前八時三十六分発にて逗子に至り、葉山御用邸に伺候、天皇陛下に拝謁、扈従して帰京す。

午後は在宅。萱場総監、中井参与官、安藤局長、安倍源基、賀屋興宣の諸君と各面談、何れも政局に関する件なり」*

＊編者　木戸日記研究会「木戸幸一日記　下巻」東京大学出版会　昭和四一年　七四二頁

かれは日記にはなにも書いていません。だが、逗子駅から東京駅までの一時間の車中、かれは天皇に呼ばれ、五分か十分、話し合ったのだと思います。本来、天皇が内務大臣に次期総理をだれにするかといった相談をすることはまずありえなかったのですが、天皇が望んだ米内案を斥け、さらに広田、池田、宇垣の名前を没にし、阿部の名前を上げたのは、間違いなく木戸だったのです。

さて、天皇が葉山から戻って二日目、八月二十八日に平沼内閣が総辞職して、翌二十九日午後九時近く、阿部信行が参内しました。天皇はかれに内閣組閣を命じ、さらに英米との協調、陸軍大臣を梅津か、畑にせよと指示しました。天皇はそれだけを語ったのではありません。じつは天皇は大層怒っていました。前に記したとおり、天皇が畑侍従武官長に向って、「これで陸軍が目ざめることとなれば却て仕合せなるべし」と語ったのがそれより六日前の八月二十三日でした。ところが、それがとんでもない間違いだと天皇は知りました。

陸軍首脳陣は板垣陸軍大臣の後任に関東軍参謀長の磯谷廉介を推したのです。第二十三師団が殆ど全滅する憂き目にあったことは、秘密にされています。八月二十三日の新聞にこの二カ月間にソ連機一千機を撃墜したと関東軍の発表を載せていましたが、実際にはその十分の一、百機にも届かないことを陸軍大臣、参謀総長は知っていたはずです。かれらがまったく気づかなかったのは、スターリンがノモンハンで日本軍を叩いたあと、ドイツと結び、そのあとポーランドをドイツと武力分割する計画をたてていたことです。そこでソ連軍がさらに満洲国境で関東軍に戦いを挑んでくるのではないかと警戒し、総長、大臣をはじめ、次長、次官、軍務局長、第一部長は眠れない夜がつづいていたにちがいありません。

こうした訳で陸軍首脳が関東軍のナンバー・ツーの参謀長を陸軍大臣にしようとしたのは、満洲における日ソ間の戦いは勝ち戦と公表してきた手前、すべてはうまくいっていると国民に見せかけようとした誤魔化しであり、しかも陸軍はソ連にたいして、決して油断をしていないところを示そうとした精一杯の演技だったのです。

天皇はびっくりしました。ノモンハンの敗戦の責任を取り、関東軍参謀長は関東軍司令官とともに進退伺いをだし、予備役編入を覚悟するのが当然なはずであるにもかかわらず、いったい、陸軍はなにを考えているのだと怒りました。侍従武官長の畑が陸軍に通報して、磯谷では天皇のお許しがでないぞと告げたのでしょう。慌ててこれも満洲の東部正面を防衛し、牡丹江に司令部を置いていた第三軍司令官の多田駿を陸軍大臣にすることにしました。満洲の勤務となる前に参謀次長だった多田にたいして、天皇は決して好感を持っていませんでした。それはともかく、八月二十九日の新聞夕刊に陸軍大臣は磯谷廉介中将と出てしまい、その夜の阿部次期首相の参内となりましたから、天皇は阿部に向って、陸軍はドイツと同盟を結ぶと騒ぎ立て、こんな無残な結果になってしまったことになんの反省もしていない、そして関東軍はノモンハンで勝手に戦いを拡げ、負け戦をしてしまい、それを内緒にし、覆い隠そうとしている、陸軍首脳たちの無責任さには呆れはてる、不謹慎に過ぎると激しく叱責したのでしょう。

それから一カ月あとに国民をひどく驚かせることになった「我戦死傷病一万八千」と発表することになったのは、天皇の意思があってのことではなかったかとは第二章で記述しました。

阿部は天皇の政務室を出たあと、内大臣の湯浅の執務室に立ち寄りました。あとで原田熊雄は湯浅が語った阿部の様子を「顔中まるで朱の瘤が出来たような様子」と日記に綴りました。「顔面蒼白、顔は引きつっていた」とわかりやすく記してくれれば、だれにも天皇の政務室で起きた出来事を容易に推察できたのです。

ところで、八月四日の葉山御用邸のクーデター騒ぎにはじまり、八月二十六日から二十九日までの天皇とその周辺の出来事を記してきて、私がなによりも不思議に思ったのは、天皇は陸軍についての正確な情報を持たず、陸軍は天皇が考えていることを知らず、双方のあいだに意思の疎通が欠けていたように見えることです。天皇が葉山に一カ月半滞在していたことがその理由だったのでしょうか。そうではなかったと思います。侍従武官長の畑はたちまち天皇の信頼をかち取りましたが、天皇にどのようなことを報告していたのでしょう。内大臣の湯浅は陸軍についてどのような情報を持ち、天皇にどのようなことを告げていたのでしょう。

繰り返しますが、後継首相を米内ではなく、池田ではなく、広田でもなく、阿部にしたのは木戸でした。天皇が木戸の主張に従ったのは、なんといっても、それより三年前、昭和十一年二月の叛乱事件に際して、とるべき基本方針を立てたかれを高く評価していたからでしょう。これについては第八章で述べることになります。そして新たな危機に直面したとき、天皇は国内の状況をしっかりと捉えている木戸の助言を重要視したのでしょう。もちろん、木戸は国務大臣であることから、天皇がかれを呼んで、かれの話を聞いて、なんの支障もなかったのです。

木戸は恐らくだれよりも情報に通じていました。内大臣の湯浅倉平は内務省の本省にいたことがあります。しかし、そこを離れて九年にもなっていました。木戸はそのときに内務大臣であり、警保局長、警視総監から最新の国内情報を毎日、入手していました。

木戸が握るパイプがもうひとつありました。国内の情勢を知るよりも、はるかに重要な情報の入手です。陸軍上層のインナー・サークル内で起きている毎日の出来事、総長官邸で決まったこと、陸軍次官室での論議がつぎの日には木戸の耳に入っていたのです。恐らく侍従武官長の畑俊六よりも木戸のほうが、陸軍内で今日起きたことを明日には正確に知りえたのです。

昭和十一年二月の叛乱事件を二カ月も前に木戸にそっと告げた松井成勲が相変わらず木戸のために働いていました。昭和十四年八月の危機に際して、八月十八日、十九日、二十一日、二十二日、二十三日、二十四日と連日、松井は木戸の邸を訪ねてきていました。松井は陸軍次官や軍務局長が暗黙のうちに認めていた渉外係でしたが、陸軍省、内務省の機密費のおこぼれにすがっていたわけではありません。木戸とは内大臣秘書官長時代からのつきあいでしたから、宮廷と陸軍を繋ぐパイプを握っている稀有の存在であることを大看板にして、人を畏怖させる奇怪な経歴の持ち主であることが裏の看板となって、三井と三菱から献金させていたのです。山口県出身のこの人物は戦後はクライアントを木戸幸一から同じ山口出身の岸信介、佐藤栄作に代えて、陸軍の存在がなくなっても、その商売は廃れることがなかったのです。

もっと肝心なことを言うのを忘れていました。内務大臣の木戸が海軍の味方をすることなく、陸軍に友好姿勢をとってきたこと、陸軍現指導部に協力的なこと、陸軍が主導する排英運動を内務省が全面的に応援したことを陸軍首脳陣は恩に着て、そしてまた木戸とのあいだの良好な関係をこのさきも維持していこうとして、松井を利用して、教えたい情報、知られてもかまわない内部情報を木戸に伝えていたのです。そして陸軍にとってもっとも重要な松井の利用価値は、直面する問題について宮廷がどう考えているかをかれを通じて木戸から聞きだすことでした。

東条英機が陸軍大臣になり、木戸が第三者を必要としない親密な関係を東条と結び、松井がお役御免であった僅かな年月を除くなら、木戸と松井はつねに密接な関係にありました。

そこで昭和十四年の八月に木戸が内大臣であったなら、磯谷廉介や多田駿を陸軍大臣にしようとするぶざまな人事、迂闊な人事を陸軍首脳部にさせるようなことはしなかったにちがいありません。

余計な話をするなら、八月二十六日、逗子から東京までの車中で、木戸は天皇に向って、反英運動に少々肩入れをしてしまいましたと弁解したのでしょうか。それとも、あれは陸軍省軍務局がやらせたことだと木戸は知らぬ顔でいたのでしょうか。実際には少なからずの人が木戸のやらせたことだと知っていました。その八月の末、西園寺公望がつぎの首相を選ぼうとして話し合った知人に向って、反英運動を陰で煽動した木戸を批判して、「アレは長州人のクセだ」[*]と言いました。長州人の狡さ、長州人の陰謀好きという非難でしょうか。

反英運動に加担したことを隠した隠さないはともかく、陸軍の動きをしっかり承知

＊　小山完吾「小山完吾日記」慶応通信　昭和三〇年　二三六頁

していたばかりでなく、陸軍と密接な関係を維持していた木戸は天皇にとって必要な人物でした。そして天皇を「常侍輔弼」する内大臣が陸軍の味方となるか、それとも海軍の側に立つかが日本の運命を決することになろうとするとき、この人物がその地位に就くこととなります。

前に戻ります。新陸軍大臣は畑俊六が任命されました。九月八日に梅津美治郎が満洲の新京に着任しました。それまで関東軍司令官の椅子は陸軍大将のうちの最古参の将軍の特等席となっていました。梅津美治郎は中将です。序列ではかれの上に二十人以上の有資格者がいます。天皇のお声がかりであることから、そのような前例は当然ながら無視されたのでした。

さて、天皇は阿部信行に向って、前にも記したように、「英米と協調する方針を執ること」と指示しましたが、天皇がなによりも懸念したのは、七月末の日米通商航海条約廃棄の通告から六カ月あとの翌年一月末には完全に条約が失効してしまうことだったのでしょう。アメリカがなにをきっかけに、日本にたいして経済制裁、経済封鎖をすることになるかしれず、日米間でどのような衝突が起きるかわからないと天皇は恐れたのです。

挙げておきましょう。条約廃棄の通告から二カ月半あとの十月の半ば、アメリカの休暇から日本に戻ったグルー大使が日米協会で演説し、「ひとたびアメリカが制裁手段をとることになったならば、徹底的におこなうことになるであろうから、ついには戦争となる危険性もある」と警告したのでした。*

そのとき対英米関係が悪化をつづけていくのを、だれよりも心配していたのは天皇でした。そこで関東軍司令官のポストを重視したのと同じように、海軍大臣のポストにだれをというよりもさきに、連合艦隊司令長官をだれにしようと天皇は考えたのかもしれません。

天皇は明治時代に育った多くの少年と同じように、日清戦争の黄海海戦、日露戦争の日本海海戦について詳しく知り、参加した軍艦の名前もはっきり覚えていました。その日本海海戦より一年前、ロシア海軍の水雷艇が旅順港から夜半に抜け出し、秘かに敷設した機雷に触れて、初瀬と八島が旅順沖で沈没したこと、なぜ触雷してしまったのか、その二隻を失って日本に残る戦艦が四隻になってしまったことも天皇は記憶していました。

そして天皇は東宮時代に習った箕作元八《みつくりげんぱち》教授の西洋史で、スペインがアメリカと戦争する羽目となったのは、乗組員二百六十人を巻き添えにしたアメリカの軍艦メイン号爆破事件があってのことであり、それから十九年のちの第一次大戦のとき、フラン

---

* Joseph C. Grew, *Ten Years in Japan*, New York, Simon & Schuster, 1944, p.295

ス、英国と戦っているドイツがアメリカまでを敵に回すことになってしまったのは、アメリカ人の乗客百二十人を乗せていた英国商船ルシタニア号の撃沈だと教わったことをはっきり記憶していたのだと思います。読者は前の章に記したことを覚えていると思います。昭和十六年八月五日の夜、天皇はただちにアメリカと戦わなければならないと高松宮が説くのを聞いて、その数日あとに艦隊勤務となる高松宮が連合艦隊の戦艦、比叡に乗艦することに度はずれていると思える心配をしたのは、このメイン、ルシタニアの記憶があってのことだったにちがいありません。それらに加えて、天皇の脳裏から離れることのないパネー号事件がありました。

海軍大臣の米内光政に協力して、次官の山本五十六がドイツとの軍事同盟締結に反対をつづけていたことは、天皇はよく知っていたにちがいありません。そしてもうひとつ、昭和十二年十二月にパネー号事件が起きたとき、怒髪天を衝くという怒りようのアメリカをして、軍事報復をさせないのはもちろん、石油禁輸に踏み切らせることがなかったのは、そのときも山本次官の活躍によるものであったことを天皇は記憶していたはずです。

パネー号事件の説明をしておきましょう。昭和十二年十二月十二日、陸軍司令部からの要請で、南京上流の揚子江を遡行する四隻の船を海軍航空隊の艦爆隊が爆撃しました。そのうちの三隻を沈めたのですが、遁走する敵軍を載せた輸送船と思ったのは、南京の戦火を逃れようとするアメリカと各国の大使館員と家族を乗せていたアメリカの石油会社の小型タンカーであり、それらを護衛していたアメリカの砲艦、パネー号だったのです。

この日を千秋の思いで待ちつづけていたのが、南京から武漢に逃れていた蔣介石の国民政府でした。蔣介石が戦いを華北で終わらせようとせず、上海から揚子江デルタへと拡げさせたのは、互角に戦えるのではないかと自信を持っていたことに加え、上海から揚子江デルタには米英の経済権益があるばかりか、米英両国はともに揚子江を国際河川と見ていましたから、必ずや米英と日本とのあいだで衝突が起きると確信していてのことだったのです。

日本側も上海での戦いを警戒していました。昭和七年に上海事変が起きたとき、天皇が日米戦争になるのではないかと懸念しました。海軍の幹部たちも日米戦争になるのではないかと本気で恐れたのでした。それから五年あと、上海から戦いが南京に拡大したときになって、国民政府首脳の予想をはるかに越える大事件が起きたのです。その爆撃は意図的な攻撃だった、計画的な爆撃だったという証拠がつぎからつぎへと出されたことから、アメリカ国民の日本にたいする敵意はすさまじいものになり、「リメンバー・パナイ」と叫ぶようになりました。フィリピンのパナイ島の名にちなんで名付けられたことからパネー号の正しい読み方はパナイだったのです。

当然、アメリカ政府の怒りも大変なものでした。海軍内にはただちに宣戦布告をしろと主張する者がいました。ルーズベルトが信任するモーゲンソー財務長官は非常事態宣言をだすようにと説き、アメリカにおける日本の資産を洗いだしにかかりました。二億ドル近くありました。これを接収する算段でした。

パネー号事件が平和的に解決できたのは、前に言いましたように、なんといっても海軍次官、山本五十六の力によるものでした。

榎本重治のパネー号事件についての思い出を記しましょう。榎本は海軍省内の文官でした。東京帝大法学部を出て、海軍省に勤務し、海軍書記官、海軍教授という肩書でした。国際法が専門です。大正十年のワシントン軍縮会議、昭和五年のロンドン軍縮会議に随員として出席し、海軍中央に勤務する軍人との交友がありました。親しくしていたのは、山本五十六、堀悌吉、古賀峯一といった穏健派の軍人でした。

ここで述べておきましょう。山本五十六の戦死につづき、そのあと連合艦隊司令長官の椅子を継いだ古賀峯一の一年のちの事故死のあと、堀悌吉は親友だった二人の書簡と覚書を集めました。それを五十六と峯一から一字ずつとり、昭和二十七年に「五峯録」としてまとめました。このさきで記すことになりますが、昭和十六年十月二十四日に山本五十六が海軍大臣の嶋田繁太郎に宛てた「残されたるは尊き聖断の一途のみ」と書かれた書簡もこのなかに収められています。そして「五峯録」を二部つくり、堀自身と榎本がそれぞれ保管したのでした。

さて、パネー号撃沈から数日あとのこと、日本政府の正式陳謝をまったく無視して、ハル国務長官が厳しい要求を日本政府に突きつけてきたとき、榎本は赤坂見附で加藤寛治大将と行き合い、挨拶をしました。そのときに榎本は四十六歳でした。

加藤は「われわれを縛るワシントン条約、ロンドン条約を廃棄せよ」と叫びつづけ、それを政党とメディア、そして国民の強迫観念にしてしまったばかりか、五対三は戦艦の比率であるにもかかわらず、アメリカと日本の国力比が五対三なのだと思い違いをさせる過ちを冒すことになった海軍強硬勢力の総大将でした。加藤とその部下たちの願いどおり、海軍軍縮条約は前年の十二月に失効したことから、昭和十二年元旦の新聞に各社の論説委員はいずれも「無条約第一年に当たり」と大書したのでした。まさかかれらが願っていたはずはありませんが、その年十二月の半ばに日米海軍が衝突するかもしれないという事態となったのです。

榎本にとって苦手な相手の海軍武断派の総帥が、かれの挨拶に顎をしゃくって通り過ぎると思ったのが足を止めて、「これは大変な事件だよ君、これは大津事件にも匹敵すべきものだ。場合によっては、陛下にお願いして」と心配そうに語りだしましたから、榎本は驚きました。

「大丈夫ですよ。山本さんが一生懸命やっていますから」と言ったときには大得意だったのですが、胸中、うまくやってくれと祈る気持ちだったのです。*

山本は在支艦隊首席参謀の高田利種を呼び、グルー大使と駐日海軍武官に情況を詳しく説明しました。そして駐米海軍武官、支那方面艦隊司令長官と連絡をとりつづけ、アメリカの怒りを抑えるために万全の手を打ちました。第一次近衛内閣のときでしたから、内閣書記官長は風見章でした。危機がつづくあいだ、風見は新聞記者に気づかれないように早稲田の学生だった長男の博太郎を伝書使にして首相官邸と海軍次官室のあいだを往復させました。** そのあいだに風見章が山本と話し合う機会があったとき、アメリカとの戦争になれば、空母からの長距離爆撃によって、東京は焼け野原になると山本が語った言葉を風見はずっと忘れることができなかったのです。

事件が落着して、外務大臣の広田弘毅がグルー大使に伝えた挨拶を読めば、日本政府がその危機の拡大をどれほど恐れていたのかがよくわかります。十二月二十六日の夕刊の新聞に載りました。「自分は貴国政府ならびに貴官に対し、この決定を衷心より感謝する。自分は極めて幸せである」

山本五十六がなにをしてきたかを述べねばならないのですが、ここでまた道草を食うことになります。昭和に入って、海軍指導部に二つの派閥ができました。本人はそのような名乗りを上げないながら、艦隊派、条約派と呼ばれるようになりました。だれが言ったか忘れましたが、艦隊派は「戦いに備えよ」と武人の面目躍如たる台詞となりますが、条約派は「財布の中味はどうか、国際協調を重視せよ」と三井の重役が言いそうな物言いがモットーでしたから、どうしても一般国民の心情は艦隊派贔屓となりました。

昭和十二年十二月、パネー号事件が起きたとき、赤坂見附近くで榎本重治が加藤寛治と行き合ったと前に記しましたが、榎本がその条約派でした。そこでこれも前に記したとおり、同じ条約派の米内光政や山本五十六、堀悌吉と親しくしていたのです。加藤寛治は前に武断派の総帥と書きましたが、かれこそが艦隊派のリーダーでした。かれが赤坂見附付近を歩いていたのは、紀尾井町にある伏見宮軍令部総長邸を訪ねようとするところか、その帰途だったのでしょう。この伏見宮が艦隊派の奥の院といった存在でした。海軍兵学校入学が同じだった伏見宮と加藤は親密でした。伏見宮は昭和七年に軍令部総長になり、加藤が協力しました。昭和十六年四月に体の不調から退任することになった伏見宮が、自分のあとに据えたのが永野修身です。現在まで、多くの人によって永野が主戦派だと言われてきていることは、第二章で見たとおりで

＊　榎本重治「海軍の思い出」『回想の日本海軍』原書房　昭和六〇年　三〇四頁
＊＊「父・風見章を語る――風見博太郎氏に聞く――その2」『早稲田大学史紀要』平成一九年三月　一一八頁

す。

こうして艦隊派は伏見宮を頂点として、数多くの武断派が結集し、条約派と目された山梨勝之進や堀悌吉、少なからずの穏健派を逐いました。

しかし、宮廷と元老の西園寺公望は「戦いに備えよ」の艦隊派を警戒していました。「財布の中味はどうか、国際協調を重視せよ」と説く海軍提督を支持し、穏健派の退役提督を首相に、そして宮廷高官にと選びました。二・二六事件で危地を逃れた首相、殺害された内大臣、重傷を負った侍従長、岡田啓介、斎藤実と鈴木貫太郎の三人は「国際協調を重視せよ」と説く退役海軍提督でした。米内光政が海軍中央への階段を上がることになったのも、前に触れたように、海軍出身の宮廷の高官たちが「国際協調を重視せよ」の考えを持つかれを買ってのことでした。そして宮廷が期待を懸けることになったもうひとりの提督が山本五十六だったのです。昭和十四年八月三十日に山本が連合艦隊司令長官となったのは、ただの玉突き人事の結果ではなかったのだと私は思っています。

山本五十六の九月——相反する二つの使命を担う

前に戻ります。昭和十四年八月三十日、阿部内閣が発足します。その翌々日にドイツはポーランドへの攻撃を開始し、つづいて英国とフランスがドイツに宣戦を布告し、あとになれば、それが第二次大戦のはじまりだったのです。そして翌十五年五月から六月のあいだにドイツ軍がオランダ、フランスをたちまちのうちに占領してしまい、つぎには英国海峡を押し渡るのだ、大英帝国の凋落、解体はまもなくなのだとだれもが思って、皆が皆、「新秩序」の世紀がはじまるのだとうなずき、陸軍と革新勢力は息を吹き返し、再びドイツと同盟を結ぼうとします。今度は混乱と躊躇はなく、海軍も反対ができず、昭和十五年九月にドイツと同盟を結びました。

その直後に山本五十六は海軍大臣の及川古志郎への手紙のなかでつぎのように書きました。

一年少し前まで「私が次官を勤めていた当時の企画院の物動計画によれば、その八割までが英米勢力圏の資材を対象にしていた。しかるに、今回、三国同盟を結ぶとすれば必然的にそれを失うはずであるから、その不足を補うために、どういう物動計画の切りかえをやられたか、その点を明瞭にして連合艦隊の責任を持つ私に安心をあたえていただきたい」。

「財布の中味はどうか。国際協調を重視せよ」が信条の穏健派の提督が説くまことに合理的な主張でした。それだけではなく、同じときに山本はこれまた及川に向って、中型攻撃機一千機、戦闘機一千機、陸攻と零戦を急速に生産できるようにしてもらいたいと要求をだしました。*航空機生産の実状はだれよりも山本が承知していました。到底、実行の目安が立つはずのない主張をしたのは、海軍中央に向って、海上の主兵は航空戦力となる、ろくすっぽ航空機をつくる力もないのに、ドイツと同盟を結んで、浮かれている陸軍の口車にのって、軽はずみなことをしないようにして欲しいという警告だったのです。

　そして山本が心配したとおりの事態となりました。その年の末からはじまったオランダ領東印度からの原料買い付けの交渉は半年あとに打ち切りせざるをえなくなります。米英両国がオランダを支援して、日本にたいする経済封鎖の輪を徐々に狭めることになったのです。

　ところで、内閣はそのとき第二次近衛内閣となっていたことを述べておかねばなりません。昭和十四年八月三十日に阿部内閣が発足したことは前に記しました。阿部は指導力を欠き、身内の陸軍からは見放され、野に下った木戸の支持は思うに任せず、僅か四カ月半で、だれかが評したとおり「風なきに木の葉の落ちるが如く倒れ」**ました。昭和十五年一月十六日に米内光政がつぎの首相となりました。今度こそ、天皇の意思が通ったのです。

　ところが、すぐ前に述べたとおり、ドイツは第一次大戦の四年間に出来なかったことを今度は僅か四週間で成し遂げ、世界第二位の植民地帝国、ヨーロッパ最強の陸軍国のフランスを降伏させてしまいました。ドイツに肩入れをして間違っていなかったのだと勇み立ったのが日本の陸軍でした。倒閣運動がはじまり、昭和十五年七月二十二日に第二次近衛内閣の成立となり、九月二十七日に日独伊三国同盟の締結となったのです。そのすぐあとに山本五十六が大臣の及川古志郎に陸軍の上っ調子な冒険に引きずり込まれないようにと警告したのはこれも前に見たとおりです。

ところが、ドイツと同盟を結んでから八カ月あとの昭和十六年六月はじめ、陸海軍と政府の幹部は前年の昭和十五年六月のフランスの完全な敗北のニュース、その前の昭和十四年八月のノモンハンの敗戦と独ソ不可侵条約締結のニュースを聞いたときと同じような驚きにぶつかりました。第二章で見たとおり、昭和十六年六月六日のドイツ駐在大使の一通の電報は、海軍と陸軍の幹部たちを巻き込む悲喜劇の幕を開け、日本の運命に深くかかわることになってしまいます。

念のために言っておきましょう。日本がドイツと同盟を結んでいなくても、昭和十六年六月から七月、同じ悲喜劇を海軍と陸軍の幹部たちは演じることになったはずです。ヒトラーは日本と同盟を結んでいなかったとしても、もちろん、ソ連との戦いを

＊　防衛庁防衛研修所戦史室「戦史叢書　ハワイ作戦」朝雲新聞社　昭和四二年　七四頁

＊＊　緒方竹虎「一軍人の生涯」文藝春秋新社　昭和三〇年　六三頁

はじめました。なるほどヒトラーは同盟国ではない日本に、近くソ連を攻めると告げることはしなかったでしょう。だが、六月六日から十数日遅れるだけのことで、ドイツ軍がソ連領に攻め入った六月二十二日からの日本の陸軍と海軍のそれぞれの反応と行動は、三国同盟を結んでいなかったとしても、間違いなく七月末にアメリカと英国による日本にたいする経済封鎖となったのです。三国同盟を結んでいても、いなくても、どちらでも同じこと、日本はアメリカと戦争するか、しないかの決断を迫られることになったのです。

そこでつくられたのが「国策遂行要領」です。前に記したことを繰り返します。永野修身は八月の末に木戸幸一に向かって、「国策遂行要領」の中身を対米英戦争決意を削除したものにしたいと説きましたが、無視されて終わりました。近衛文麿は天皇に向って、つぎの御前会議で「国策遂行要領」を決めるにあたって、外交を主体にするようにと質問して頂きたいと言上しました。ところが、木戸幸一がそれに反対しました。九月六日にその御前会議は開かれました。その三日あと、高松宮は天皇に向って、会議で天皇が御製を詠んだだけだったのは「不徹底」だったと批判しました。戦争回避の試みはすべて失敗し、戦争決意の期日を定めた「国策遂行要領」は決まってしまいました。

永野軍令部総長は文字通り満身創痍、もはや動こうとしても動くことができません。

及川海軍大臣は今日の海軍の体面を守るのが勤めなのだと自分を騙すだけの日々を過ごしています。そして次官と軍務局長はその大臣と変りありません。

こうして山本連合艦隊司令長官が永野修身と及川古志郎に代わって、戦争を回避するために活動しなければならなくなったのです。連合艦隊司令長官は予定されている作戦の全般に目を通し、指示を与え、部下たちの士気を高めることに気をくばり、もし戦争になってしまうのなら、開戦の劈頭《へきとう》におこなう真珠湾攻撃計画にたいする軍令部の強い反対を抑えることだけを考えていればいい、というだけでは済まなくなりました。ひとりの人物が相反する二つの使命を担うことになりました。

九月、山本は柱島水道の艦隊泊地から東京に来ていました。九月十一日から九月二十日まで、目黒の海軍大学校で連合艦隊による最後の対米英戦の図上演習をおこないました。海軍中央機関と連合艦隊との最終の打合せとなるものでした。その研究会のあいだの十六日と十七日には、ハワイ作戦の図上演習もやりました。そしてその合間に連合艦隊司令長官は日米戦争をしてはならないと説いて回ったのです。

その研究会の二日目の夜、山本は近衛首相と会いました。首脳会談が開かれることになれば、随員のひとりを山本にしようと近衛は考えていました。近衛は首脳会談に臨む自分の考えを山本に語ったのでしょう。そのあとのことでしょう。「万一交渉がまとまらなかった場合、海軍の見通しはどうですか」と尋ねました。

「それは、是非私にやれと言われれば、一年や一年半は存分に暴れて御覧に入れます。しかしそれから先のことは、全く保証出来ません」と山本は答えました。そして山本はつぎのようにつけ加えました。

「総理もどうか、生やさしく考えられず、死ぬ覚悟で一つ、交渉にあたっていただきたい。そして、たとい会談が決裂することになっても、尻をまくったりせず、一抹の余韻を残しておいて下さい。外交にラスト・ウォードは無いと言いますから」*

山本五十六が近衛首相と会見してから六日あとの九月十八日の夕刻、神田の東京学士会館で長岡中学の同窓会が開かれました。山本の母校であり、卒業生たちにとって、かれは中学の、そして郷土の誇りでした。陸海軍に上位のポストはいくつもありましたが、すべての日本人にとって、連合艦隊司令長官という言葉の響き、その受ける印象には、だれもが東郷平八郎、そして日本海大海戦があってこそ、ほかの軍幹部の肩書よりずっと大きな尊敬の念が込められていました。連合艦隊司令長官になった郷土の英雄の顔を見たい、その声を聞きたい、長官が説く日米もし戦わばを是非聞きたいと東京にいる卒業生たちのだれもが思いました。

その九月半ば、長岡中学の卒業生に限らず、東京の市民は、アメリカによる経済封鎖のショックにはいつか馴れ、召集、動員がつづいた七月、八月にかれらの胸にあった重苦しい緊張感も薄れていました。来年の夏はともかく、今年はもはやソ連と戦争することはないとだれもがほっとしていました。そしてアメリカとの外交交渉は近衛首相が解決するにちがいないと思っていました。それでも、アメリカの日本にたいする差し出がましい態度にだれもが腹を立てていました。ひとりの卒業生が質問しました。そのときのだれもの気持ちを代表していましたから、写しておきましょう。

「米国などあんな贅沢などして文明病に取りつかれた国民など、我大和魂に遭っては一たまりもありますまい。余りに生意気いうたら大に打ちこらしてやる可きではありますまいか」

山本は「米国人が贅沢だとか弱いとか思うている人が、沢山日本にあるようだが、これは大間違いだ。米国人は正義感が強く偉大なる闘争心と冒険心が旺盛である」と語り、いくつもの事例を挙げたあと、「日本は絶対に米国と戦うべきではない」と結びました。大言壮語もなく、好戦的な愛国主義もなく、予想していたのとはまったく異なる話を聞くことになって、緊張の切れ間がなかった長岡中学の卒業生たちがのちに思いだすことがあったかどうか、山本は最後に「米国の光学及び電波研究は驚くべき進歩を遂げていることも知らねばならぬ」**とつけ加えたのでした。

＊　阿川弘之「山本五十六　下」新潮文庫　平成一九年　四九～五〇頁
＊＊　反町栄一『人間山本五十六』光和堂　昭和四〇年　四五〇頁

つぎは九月二十日の朝九時から午後五時半までの連合艦隊と海軍中央機関の研究会でのことになります。深刻な問題をあとに回し、最終日にそれを論議することになったのです。航空機生産の問題です。現在何機あるといった数字は、空軍の戦力とはなりません。生産の潜勢力がすべてです。図上演習で明らかとなったのは、フィリピンの航空撃滅戦で大きく消耗し、それでもシンガポール占領まではどうにか大丈夫だが、ジャワ、スマトラを攻略する予定の昭和十七年二月には海軍の戦闘機の消耗は一六〇パーセントになるという予測でした。第十一航空艦隊参謀長の大西瀧治郎*が台湾を出る搭乗員がジャワに行ったときには何人生き残るかと悲痛な声をあげました。そして連合艦隊司令部の参謀は、戦闘機は予備機までをすべて使い果たす、中攻と呼ばれる中型陸上攻撃機は半数近くを失ってしまう、合わせて損害は六百五十機になると語ったのです。

連続攻撃を仕掛けなければならないという危急の事態に直面して、戦闘機の月産が五十機台では、機材の補充ができず、たちまち航空戦力は枯渇してしまいます。連合艦隊側は昭和十七年一月までに、現在の計画以上に百五十機の戦闘機を増産して欲しいと要望しました。

そのとき海軍は戦闘機が三百六十機、中攻が三百二十機あるだけでした。中攻の月産機数は二十機に届かず、艦上爆撃機が十五機、戦闘機は四十機がやっとでした。練習機までを含めて、海軍機の月間生産は百機を少々上回るといったところでした。大増産に懸命となり、十一月には全航空機の月産が百八十機となる見込みでしたが、さらに戦闘機百五十機を増産してくれと言われても、到底、不可能でした。

航空本部総務部第一課長の山本親雄が、増産に努力はするが、艦隊側が要望するそのような大量増産はとてもできないと答えました。ところが、山本長官が強い言葉で、不満を述べました。「自分はかねてから十分自信のある戦いをするためには、中型攻撃機一千機、戦闘機一千機を準備してもらいたいということを中央に進言しておいた。それにもかかわらず、いまの返答はなにごとだ。心外に堪えぬ」

前に触れたとおり、前年の十月に山本は及川大臣に向って、陸攻一千機、零戦一千機の要求を出していました。及川はなにを無茶なことを言ってと思いましたから、航空本部長にはなにも告げていなかったのです。山本長官に語気強く迫られて、責任者である航空本部長の片桐英吉は黙っていられませんでした。付け加えておきますが、片桐もアメリカとの戦争には反対でした。

「私はそのような進言についてはなにも知りません。いまごろそのような増産の要求があっても、とても難しい」**

＊　「徹底分析　開戦の経緯」『歴史と人物』昭和五三年八月号　五九頁
＊＊　山本親雄「大本営海軍部」白金書房　昭和四九年　四五頁

山本はさらに追及しましたが、どうにもなるはずはありませんでした。

それから九日あとのこと、九月二十九日、山本は軍令部に永野を訪ね、海軍大学校でおこなった図上演習の経過を報告したあとに、中型攻撃機一千機、戦闘機一千機を持つことなしに戦うことはできないと言いました。そして山本は研究会では口にするはずもない、自分の本心を明らかにしました。「かかる成算小なる戦はなすべきではありません*」

永野軍令部総長がなんと答えたのかは、記録が残っていません。山本の伝記にはじまり、すべての研究書は山本のこの主張だけで終っています。永野はなんと答えたのでしょう。よもや連合艦隊司令長官に向って、「心配はいらない。必勝とはいかなくても、不敗の胸算はある」といい加減な答えをしたのだと考える人はいないでしょう。では、永野は沈黙したままだったのでしょうか。このままいけば、二カ月のちにはアメリカと戦争をせざるをえない状況となっていたとき、海軍統帥部の最高責任者が海軍各部門の全責任者を集めての最終の図上演習を終えた統裁官からこの戦争をすべきではないとこれ以上になくはっきりと説かれて、聞き流せるものなのでしょうか。できるはずはないし、するはずもありません。永野はしばらく沈黙をつづけたあと、山本に向って、恐らくは自分の部下たちにすべてを明かすことのなかった秘密、――開戦のあとになれば語るはずもなく、敗戦のあとには決して口にしなかった秘密――丁度一カ月前の八月末に自分が内大臣に避戦を説き、内大臣がどのように答えたかを山本に語ったのだと思います。そして自分はもう一度、日米不戦を説くことができない窮地に追い込まれてしまっているのだと山本に告げたにちがいありません。お上に日米不戦を訴えることができるのは君ひとりしかいないと言ったと思います。それとも苦渋の表情の永野に向かって、私がやると山本が言ったのでしょうか。

そのあとに山本は海軍次官の沢本頼雄と話しました。山本は自分が永野総長にどのように説いたかを説明したのです。及川大臣に語ってもらおうと思ってのことだったのでしょう。後刻、沢本は山本が語った話の要点を書き留めました。その最後の部分はつぎのとおりです。「日米戦は長期戦となること明かなり。日本が有利なる戦を続けおる限り、米国は戦を止めざるべきを以て、戦争数年にわたり、資材は蕩尽せられ、艦船兵器は傷つき、補充に大困難を来たし、遂に拮抗し得ざるに至るべし。のみならず、戦争の結果として国民生活は非常の窮乏を来たし……かかる成算小なる戦争はなすべきに非ず」**

＊　共同研究・解説　伊藤隆　沢本倫生　野村実「沢本頼雄海軍次官日記——日米開戦前夜」『中央公論』昭和六三年一月号　四五六頁

＊＊　解説　豊田隈雄「海軍大将　沢本頼雄手記　大東亜戦争所見」『歴史と人物』昭和五八年一月増刊号　二八〇頁

山本はこのように沢本次官に語ったのですが、永野総長がかれになんと答えたのか、そしてかれが総長になんと言ったのかは、沢本には語らなかったのでしょう。

山本五十六の十月——「ただ残されたるは尊き聖断の一途のみ」

アメリカとの戦争はしてはなりませんと山本長官が永野総長に告げてから四日あとの十月三日の朝、山本が座乗した長門は横須賀軍港を離れました。四国沖から豊後水道を北上し、柱島の錨地に戻ります。この日の夜、アメリカ政府の回答が野村大使を通じて、外務省に届きました。日米首脳会談をはっきりと拒否してきました。四日前の九月二十九日に豊田外相がグルー大使に向って、「当方としては総理一行を輸送すべき船舶はもちろん、陸海軍大将を含む諸随員もそれぞれ内定し、何日にても出発しうる姿勢にあり」と告げたのにたいする回答でした。そして日本にたいして厳しい要求を突きつけてきました。それから五十数日あとの十一月二十六日の「ハル・ノート」を待つまでもありません。これがまさしく「ハル・ノート」だったのです。「日本軍隊の中国及びフランス領印度支那撤退に関する日本政府の意向を明確に宣言することがきわめて有効」と主張してきたのです。

国際情勢は間違いなく日本に不利に、アメリカに有利に変わっていました。それより一年前の昭和十五年九月には、ルーズベルトとかれの部下たちは英国は持ち堪えられないのではないかと恐れていました。英本土がいよいよ危険な状態となれば、太平洋にあるアメリカの艦隊のすべてを大西洋に回す算段でした。そしてこの二カ月前、昭和十六年七月には、ソ連の政権は向こう一カ月、せいぜい三カ月で瓦解するのではないかと危惧していました。ところが、この十月のはじめ、ワシントンの政府首脳はどうやらソ連の政権が崩解することはありえない、ドイツの勝利はもはやないと思うようになりました。英国海軍もやっとのことで息を吹き返しました。チャーチル英首相がシンガポールに二隻の最新鋭の戦艦を派遣しようということになりました。こうしてルーズベルトとかれの部下たちは、日本にたいしていよいよ強硬な態度で臨むようになり、荒々しい揺さぶりをかけてきたのです。

首脳会談が開かれるのはホノルル沖だ、アラスカのジュノーだと首相をはじめ、外務省、海軍の幹部が日米間の和解は可能だと糠喜びを繰り返し、ワシントンの大使館がアメリカ側に会談の開催を督促していた二カ月は終わったのです。

だれもが失望しました。陸軍の幹部も、あらかたが残念だと思ったはずです。もちろん、田中新一、辻政信といった過激な上に激越が付く陸軍軍人はこれでいいのさと言ったのでしょう。圧倒的な勝利を収めてみせる、陸軍の名誉をものの見事に回復してみせるつもりでいました。そして木戸幸一もがっかりはしなかったはずです。八月四日に近衛が日米首脳会談の構想を打ちだしたとき、それにただちに臥薪嘗胆案をぶつけてみせたのが木戸でした。アメリカは回答を引き延ばした挙げ句に首脳会談を拒否してくると予測して、木戸は臥薪嘗胆案を持ちだしたのではありません。すでに何回も説明しました。首脳会談の場で、中国撤兵の問題が論議され、近衛が簡単にルーズベルトの主張に妥協してしまうことになるのを恐れて、かれの首脳会談構想に対抗して持ちだしたのが、その臥薪嘗胆案だったのです。なぜ、木戸幸一は中国撤兵に反対だったのでしょう。前にも何回か記したとおり、第八章で述べることにします。

さて、近衛文麿の構想、アラスカのジュノー沖に停泊する新田丸の船上で、陸軍が反対する中国撤兵といった面倒な問題をルーズベルト大統領との話し合いによって決めてしまい、首相は船上から直接、東京に送信し、天皇にそれを奏上し、「優諚《ゆうじょう》」、即ち、天皇の命令によって、すべてを解決するといったはかない夢は、すべて霧散しました。

だれもが改めて若杉要公使の言葉を思いださざるをえなくなりました。ハムレットの芝居にハムレットを登場させなければならなくなったのです。第一幕第一場の城の塔にハムレットが登場しないのなら、第二場の城中の大広間にはかれを登場させねばなりません。首脳会談を断念した近衛首相は東条陸軍大臣と交渉しなければならなくなりました。

念のため、前に書いたことを、ここでもう一度記します。憲法五十五条第一項に定められている通り、国務大臣はそれぞれ平等、同等の地位にあって、天皇を輔弼します。そして総理大臣は、内閣官制第二条によって、「各大臣の首班として機務を奏宣し、旨を承けて行政各部の統一を保持す」る職責がありますが、総理大臣はほかの国務大臣にたいして指揮権を持ってはいません。

近衛首相は十月七日、十二日と東条陸軍大臣と話し合いました。三度目、十月十四日午前九時、近衛は重ねて東条と会い、繰り返し訴えました。

「一昨日以来種々熟考し、昨日外相の意見も聞いたが、外交交渉で他の諸点は成功の見込みはあるが、中国からの撤兵問題が難点だ。名を捨てて実を取るという態度で、原則としては一応撤兵を認めることにしたい。……この際は一時屈して撤兵の形式を彼に与え、日米戦争の危機を救うべきである。又この機会に支那事変に結末をつけることは、国力の上から考えても、国民思想の上から考えても、必要だと考える」*

東条は聞き入れません。

「撤兵は軍の士気の上から同意できない。この際米国に屈すれば、彼は益々高圧的となって、停止する所がないであろう。その様な状態での事変の解決は、真の意味の解

＊　矢部貞治「近衛文麿」読売新聞社　昭和五一年　六一九頁

決とはならない。二、三年でまた戦争しなければならぬ」

近衛はついに東条を説得できませんでした。それでも、そのあとの午前十時からの閣議で東条にこの問題を持ちださせまいとして、閣議のあとにまた二人で話し合おうと念を押しました。ところが、東条はほかの閣僚たちに日米外交交渉の現況を知らせる必要があると言い、閣議に持ちだすと答えました。総理大臣には閣内を統一する責任があるだろうが、国務大臣の私には輔弼の責任があるという理屈です。

閣議がはじまって、東条は口を切りました。外交上の打開の方法があるのかと外相の豊田貞次郎に問いました。豊田がその方法とは撤兵することだと言い、これをやれば見込みがあると説きました。中国撤兵には絶対に反対だと東条は興奮気味に論じたてました*。正面衝突となってしまったのだから、閣内不統一はいまや隠しおおすことができなくなりました。武藤章軍務局長が陸軍省に戻り、佐藤賢了軍務課長に向って、「オイ、大臣は大変なことをやったぜ」と嘆息し、「東条さんのおもりはもうこりごりだ**」と付け加えたというのは、陸軍内で冷静な判断のできる、どのみち対米戦争は避けねばならないと考える軍人の正直な反応だったのです。だが、もはやどうにもなりません。内閣総辞職する以外に方法はありません。

この十月十四日の閣議から二日あと、第三次近衛内閣は総辞職しました。

第三次近衛内閣退陣の理由は、中国撤兵の是非をめぐって首相、外相と陸軍大臣が争い、閣内不統一が原因でした。近衛はそれを辞表のなかにはっきり記しましたし、つぎの首相を選ぶための重臣会議にも、それを明らかにした説明書を送りました。ところが、この至極明瞭な事実、そして戦争を回避するために、これがなによりも重大な問題であるにもかかわらず、この事実をまったく無視し、重臣のひとりの質問にたいして、「形式的にはそうでしょうね」と軽くいなした人物がいました。言わずとしれた内大臣、木戸幸一です。

木戸は軍の代表に向かって、そしてまた重臣たちに向かって、撤兵問題をまったく口にしませんでした。木戸は陸海軍首脳に、陸海軍の分裂を懸念している、陸海軍の不和を恐れている、陸海軍の「真の協調」が必要だ、陸海軍は「融合」しなければならないと説くだけだったのです。

そこで思いだすのは、八月二十八日に永野修身が木戸幸一の執務室を訪ねるといった謎に包まれた出来事です。前に私はそれを記し、永野は木戸に向って、つくられようとする「国策遂行要領」を日米不戦にしたいと説いたのにたいし、木戸はそういう重大な問題はまず陸軍と協議して欲しい、陸海軍双方の意見をまとめて欲しいと言い、

＊　防衛庁防衛研修所戦史室「戦史叢書　大本営陸軍部・大東亜戦争開戦経緯〔5〕」朝雲新聞社　昭和四九年　一四二〜一四四頁

＊＊　佐藤賢了「佐藤賢了の証言」芙蓉書房　昭和五一年　二三八頁

陸海軍の真の協調を願うと逃げたにちがいないと推測を記しました。

十月の半ば、木戸が軍指導者や重臣たちの主張を聞き流し、相手にしようとせず、陸海軍の「真の協調」だ、「融合」だといった主張を押し通すやり方を見るなら、八月末、永野修身にたいしても、同じような提言と忠告らしきものを説いて、永野の対米戦争回避の願いには答えないという奇計を使っていたことは間違いなかったのです。

木戸が十月中旬になにをやったかに戻ります。かれは陸海軍の「真の協調」が必要だ、陸海軍は「融合」しなければならないと主張し、駐兵は軍の生命だと主張した東条を首相に推しました。駐兵を一歩も譲らない陸軍に海軍が従ってこそ、陸海軍の「真の協調」「融合」ができるのだと内大臣は口にはださないながら、指し示してみせたのです。

重臣のひとり、岡田啓介が木戸に向って、つぎのように問うただけでした。「今回の政変経緯より見て、陸軍が倒したと見るべきであろうが、その陸軍を代表する陸相に大命の降りることはいかがであろうか*」

穏便なというよりも、気弱な問いかけでしたから、木戸はためらいも動揺も見せませんでした。「事の真相を見れば必ずしも陸軍のみに責任ありとは言えないように思う**」と反駁しました。木戸がそのようなはぐらかしのもの言いをして、岡田の主張を無視したのなら、岡田も木戸の主張を聞き流し、かれに向って、そもそも閣内不統一をもたらした中国撤兵の是非について、内大臣個人はどのように考えているのか、この場でご披露願いたいと単刀直入に、問いたださなければいけなかったのです。

そこで長門の山本五十六のことになります。東条内閣が発足する前になります。山本のもとに詳しい情報は入りませんが、第三次近衛内閣が窮地に陥っていることはわかっていました。十月十一日の夜に堀悌吉に手紙を書きました。前に堀が山本と親しいことは記しました。もう少し説明しましょう。堀は山本の海軍兵学校同期の親友です。堀は昭和十一年から日本飛行機の社長でしたが、昭和十六年の年末には浦賀ドックの社長となります。かれは昭和九年に現役を逐われました。そのニュースを海軍軍縮会議が開かれていたロンドンで知った山本は、これもロンドンに来ていた時事新報の海軍担当の記者に向かって、海軍の大馬鹿人事と激しく怒りました。海軍穏健勢力の中心にいた海軍次官の山梨勝之進もその前年に現役を逐われました。山本が尊敬する七期上の先輩でした。山本は学習院院長になっていた山梨の言葉を堀に宛てた手紙のなかに引用して、つぎのように書きました。

「大勢は既に最悪の場合に陥りたりと認む。山梨さんではないが、之が天なり命なり

＊　編者　木戸日記研究会「木戸幸一関係文書」東京大学出版会　昭和四一年　四八四頁
＊＊　同右

とはなさけなき次第なるも、今更誰が善いの悪いのと言った処ではじまらぬ話也。独使至尊憂社稷の（お上をしてひとり国家を憂えさせる）現状に於ては、最後の聖断のみ残され居るも、夫《そ》れにしても今後の国内は六《むつ》かしかるべし*」

山本が東京出張のあいだに堀と会い、「聖断」に頼る以外に戦争を回避できないと語り合っていたことが、この文面から想像できます。山本も、堀も、負けるとわかっている戦争に踏みだすことに宮廷が最終的に賛成することはありえないと思っていました。そうでしょう。山本、そして堀は、昭和七年一月の上海事変のとき、昭和十二年十二月のパネー号事件のとき、昭和十四年七月から八月の全国規模での反英運動、そして日米通商条約の廃棄とつづいたときに、天皇の憂慮がどれほど大きかったかをはっきり知っていたからです。

そして山本が最後に「夫れにしても今後の国内は六かしかるべし」と書いたのは、昭和十四年前半、かれが次官だったときの陸軍との軋轢、そして海軍とかれにたいする陸軍の破廉恥な非難攻撃を思い浮かべてのことだったのでしょう。

十月十八日に東条内閣が発足しました。十月二十四日に山本は新海軍大臣、嶋田繁太郎に手紙を書きました。嶋田とは海軍兵学校の同期でした。しかし、堀とのあいだのようになんでも話せる仲ではありませんでした。そして嶋田は支那方面艦隊司令長官を昭和十五年五月から昭和十六年八月までやって、そのあと横須賀鎮守府司令長官を一カ月半といった具合で、関係書類に目を通してはいましたが、陸海軍と政府の首脳の複雑微妙な心の内は恐らくわかっていなかったにちがいありません。山本はかれに宛てて、戦いの冒頭に敢行する予定のハワイ空襲の自分の計画についての説明をしました。だれもが反対するのを抑え、やっとかれの主張を通しはしたものの、まだ戦争計画立案の中枢機関である軍令部第一部に反対の声が多いのを山本は気にしていたのです。そのような一六勝負に打ってでなければいけない理由を記したあと、山本はつぎのように書きました。

「以上は結局小生技倆不熟の為、安全蕩々たる正攻的順次作戦に自信なき窮余の策に過ぎざるを以て、他に適当の担任者有らば欣然退却躊躇せざる心境に御座候」

そして山本はこの書簡の末尾に、前に記しましたが、これこそかれが望んでいることと、戦争回避のためのただひとつの方法をつぎのように記述したのです。

「尚大局より考慮すれば日米英衝突は避けらるるものなれば此を避け此際隠忍自戒、臥薪嘗胆すべきは勿論なるも、それには非常の勇気と力とを要し、今日の事態にまで追込まれたる日本が果して左様に転機し得べきか、申すも畏き事ながら、ただ残されたるは尊き聖断の一途のみと恐懼する次第に御座候」

＊　高木惣吉「山本五十六と米内光政」文藝春秋新社　昭和二五年　七八頁

何とぞ御健在を祈り上候　敬具*」

山本五十六が九月と十月に対米戦争を避けようとして、なにをしたかを見てきました。かれが軍令部総長、海軍大臣に代わって、アメリカとの戦争を避けようと尽力したことが明らかにされたのは、もちろん、戦後になってのことです。ところで、山本のそのような努力をまったく認めようとしない人がいます。

山路一善《かずよし》という海軍中将がいました。海軍兵学校十七期、鈴木貫太郎の三期後輩、岡田啓介の二期後輩です。海軍の歴史のなかでも、最大の実力者だった山本権兵衛の女婿といえば、財部彪《たからべたけし》が有名です。財部は五つの内閣で海軍大臣を勤めました。じつは山路の妻も山本の娘でした。鈴木や岡田は中将でとどまる人物だったと厳しい評をする山路自身の経歴が大正後期に鎮海要港部司令官で終ったのは、自分の競争相手になるのを恐れた財部に足をすくわれてのことだったのです。

戦後、山路はその著書のなかでつぎのように記しています。「山本長官戦死するや、嶋田海相嘆じて曰く、『山本は二年間は戦争に堪え得るも以後は心配だといっておった』と。その心配あらば何故に、彼は戦争不可為説を唱えなかったのであるか。そうしてこそ初めて真の軍人とも申すべく、国家にも忠なる所以である。何故にそれが出来なかったのか**」

杉田一次《いちじ》は陸軍軍人、戦後は自衛隊に入り、陸上幕僚長が最終の履歴でした。二つの歴史的場面にかれの姿を見ることができます。ひとつは宮本三郎画伯の「敵将降伏す」という昭和十七年に描かれた記録画です。シンガポールが陥落し、山下奉文中将とパーシバル中将が会見している図です。山下将軍の隣で通訳する髭面の参謀がいます。これが杉田中佐です。三十八歳になろうというときでした。かれは昭和十一年から十四年までアメリカ、英国で勤務した経歴がありましたから、英語が堪能だったのです。

もうひとつは昭和二十年九月二日、横須賀沖のミズーリ号上の降伏調印式の写真です。参謀総長の梅津美治郎と外務大臣、重光葵が並び、杉田は随員のひとりでした。かれはそのとき東久邇宮内閣の首相秘書官で、大本営の参謀、四十一歳でした。

杉田は自衛隊を退官のあと、一九八七（昭和六十二）年に「情報なき戦争指導」という題の著書を発刊しました。各章の見出しに、そのときどきの情報部長の名前を挙げ、陸軍の情報活動を中心にした戦争史です。杉田はそのなかでつぎのように記しています。

「山本は近衛公と二度に亙って会談し、その際『一年や一年半は暴れてご覧に入れま

＊　高木惣吉「山本五十六と米内光政」文藝春秋新社　昭和二五年　八一頁
＊＊　山路一善「日本海軍の興亡と責任者たち」筑土書房　昭和三四年　二〇〇〜二〇一頁

す。しかし先のことはまったく保証できません』と答えている。このことは彼自身、戦争ともなれば終局的に、日本の敗北に帰することをだれよりもよく承知していたわけである。一軍司令官や艦隊長官ならまだしも、連合艦隊司令長官として国家の運命を双肩に担っている地位にあるものが、軍人であるからとて国家の敗北を知りつつ黙々として政府の決定に従ってゆくということは、その重大な責任を果たしたことになるのであろうか？*」

もうひとり、生出寿《おいでひさし》が説くところを見ましょう。かれは大正十五年の生まれ、海軍兵学校七十四期生です。戦後は出版界で活躍しました。かれは「凡将　山本五十六」という評伝を発表しました。その題からうかがえるとおり、山本五十六を手厳しく批判しています。たとえば九月十二日に近衛と山本が会談したことを取り上げ、生出はつぎのように説きました。「山本は、弱い近衛の頼みの綱を、自分のメンツのためにぷっつり切ってしまったという感がする」。そして生出はその著書のあとがきでつぎのように記しました。

「山本元帥の、メンツを重んじるというか、いいカッコウをしたがる性格が、連合艦隊司令長官の職を賭しても日米戦を阻止するということを妨げたということも、注目すべき重要なことであったように思われる**」

山路一善、杉田一次、生出寿の山本にたいする批判と非難は、残念ながら、読者の共感を得ることはできないでしょう。よくもあんな無謀な戦いをやったものだと憤慨するあまり、だれかを名指しして、叩きたいという気持ちはだれにもあります。しかし、この三人はほんの思いつきを記したにすぎません。見てきたとおり、山本長官は近衛首相に向って、外交がすべてだと説きました。永野軍令部総長と面と相対して、このような貧弱な航空戦力でアメリカと戦うことはできないと切言しました。つぎに旧友の堀悌吉と嶋田海軍大臣にたいして、「聖断」だけが戦争回避の方法だと記した書簡を送ったのでした。

あるいは山本五十六の批判者たちは、なんだ、それだけではないかと言うかもしれません。山本がやろうとしたことは、もちろん、それだけではなかったのです。

＊　杉田一次「情報なき戦争指導」原書房　昭和六二年　三五一頁
＊＊　生出寿「凡将　山本五十六」現代史出版会　昭和五八年　二三七頁

第五章

高松宮、三十四年後に秘密に触れる

高松宮が隠した山本五十六

第一章に記したことにまず戻ってみましょう。昭和十七年の一月はじめ、東久邇宮、原田熊雄、小林躋造《せいぞう》は、開戦の日の九日前、高松宮が天皇に向かって、アメリカと戦争をしてはなりませんと言上したという驚くべき事実を知りました。西園寺公望の秘書を十五年にわたってつづけた原田は、自分が得た情報を吟味して、これはだれに語ってよい、これはだれにも喋ってはいけないという区別ができていたことでしょう。かれは高松宮がそのような重大な建白をしたことを小林以外のだれにも喋らなかったと思いますが、長い友人であり、政治上の盟友でもある近衛文麿には語ったにちがいありません。

ところで、高松宮が直訴をしたという事実を知った東久邇宮、原田、小林、近衛は、それは高松宮ひとりの計画ではないと即座に判断したことでしょう。直訴を決意するにあたって、だれかと相談したにちがいない、それともだれかが高松宮にそれを依頼し、お上に申し上げて欲しいと頼んだのだと考えたはずです。その人物は海軍の高位の軍人だと思ったにちがいありません。

そして原田、小林、近衛、東久邇宮は、高松宮のもうひとつの出来事と結び合わせようとしたはずです。その四カ月前、八月五日に高松宮が天皇にただちにアメリカと戦わなければいけないと言上したという、これまた驚くべき出来事です。八月五日の高松宮の主張と十一月三十日の主張は真っ直ぐ繋がりません。小林躋造はその四カ月のあいだに高松宮が考えを変えるようになったのだとうなずき、日米両国の工業力の差を無視することはできないと冷静さを取り戻したのだと思ったのかもしれません。原田熊雄は高松宮の弁解を箱根で聞いて、なにかおかしい、隠されている事実があると思ったはずですから、十一月三十日の直訴を知って、もう一度、首をひねり、わからないと嘆じることになったと思います。

ところが、首相だった近衛は高松宮が引き起こした八月五日の騒動の背後に起きていたもろもろの出来事を知っていました。アメリカの経済封鎖にはじまり、関東軍と参謀本部、そして海軍、政府、宮廷を巻き込んだ対ソ戦がはじまるのではないかといった不安と緊張の数日間を近衛は記憶していたはずです。高松宮がアメリカと戦わなければならないと天皇に説いた真の理由はなんだったのか、近衛ははっきり摑んでいたと思います。

近衛、原田、小林、東久邇宮がまったく知らなかった高松宮の戦争回避のための努力は、昭和十六年九月九日に高松宮が天皇に向かって、九月六日の御前会議で決まった「国策遂行要領」にたいするお上の意思表明は「不徹底」だったと批判したという事実でしょう。

高松宮がやろうとしたことで、近衛、原田、小林、東久邇宮が知らなかった計画がもうひとつありました。アメリカとの関係を正常に戻す大目的のために、秩父宮を天皇の相談相手にしようとした九月中旬の計画です。あるいは内大臣秘書官長の松平康昌がその出来事を知っていたでしょうから、近衛首相はかれから、その失敗に終った目論見を耳にしていたかもしれません。近衛は昭和十三年に秩父宮が試みた支那事変解決のための数々の努力を承知していたばかりでなく、そのときに首相だったかれ自身が関係もしたのですから、高松宮の企ての失敗を残念に思ったことでしょう。

ところで、高松宮が昭和十六年十一月三十日の背後の人物の存在を明らかにしたのは、その直訴の日から三十四年あとのことになります。近衛文麿はとっくにこの世を去っていました。原田熊雄は近衛の死の二カ月あとにかれのあとを追いました。小林躋造が没したのは昭和三十七年でした。そこで高松宮が背後の人物を明らかにしたとき、健在だったのは天皇、木戸幸一、東久邇宮でした。

高松宮が昭和十六年十一月三十日の出来事を明らかにしたのは加瀬英明にたいしてです。「高松宮かく語りき」の題で『文藝春秋』の昭和五十（一九七五）年二月号に載せられました。

加瀬英明は評論家です。父の俊一は外務官僚であり、アメリカとの戦いの前から、その戦いのあいだ、そして戦いのあとになっても、そのときどきの外務大臣に仕えました。互いに決して仲のよくない、考えも違った松岡洋右、重光葵、東郷茂徳、吉田茂といった面々に重用されたということは、加瀬の飛び抜けた才能を示すものでした。のちにかれは初代国連大使になります。この加瀬父子は高松宮夫妻に信頼されていました。父のほうは秩父宮夫妻の信用も厚かったのです。

加瀬英明はその「高松宮かく語りき」のなかでつぎのように述べています。

「兄弟は五分間ほど、話した。宮は、海軍は開戦となったら、二年以上は戦う自信がない、といった。天皇は、ただ、黙ってきいていた。そして、宮が話し終ると『そうか』とだけいわれた」

そして加瀬はつぎのように綴りました。「宮は海軍省兵備局長保科善四郎少将から、天皇にそう申し上げることを依頼されたのだった」

高松宮が加瀬とそのような会話をしたとき、保科善四郎はこれまた健在でした。『文藝春秋』に高松宮のインタビューが掲載されてから半年あとの昭和五十（一九七五）年八月に、保科は「大東亜戦争秘史——失われた和平工作」という回想録を上梓しました。ところが、その「秘史」のなかに自分は高松宮に戦争回避を天皇に奏上して欲しいと申し上げたという記述はなかったのです。そもそも高松宮についてなにも触れていないのです。

保科善四郎は昭和三十（一九五五）年から昭和四十一（一九六六）年まで衆議院議員を四期勤めました。政界からは引退しましたが、回想録を出版したときには元気一杯、旧友に向かって、百二十歳まで生きると語っていたのです。そのときかれは八十四歳でした。

そこで『文藝春秋』の「高松宮かく語りき」を読んだ海軍時代からの友人、政界に入ってからの知人に、保科さんは終戦工作をしただけではなかったのですね、開戦を阻止しようとしたのですねと言われたはずです。そして回想録を出したあとになれば、どうして高松宮と開戦を阻止しようとした事実を書かなかったのかと問われたにちがいありません。保科はなんと答えたのでしょう。

「高松宮かく語りき」が昭和五十（一九七五）年二月号の『文藝春秋』に載せられてから十二年のちのことになります。高松宮が亡くなりました。海軍関係者が刊行している『水交』という定期刊行物の六十二巻四号が「高松宮殿下を偲んで」という特集を組みました。そのときに保科善四郎はなおも健在でした。かれは「軍令部の殿下と軍務局の私」と題する文章を載せ、昭和十六年十一月三十日のことをはじめて明らかにしました。つぎに引用しましょう。

「高松宮殿下は……十六年十一月末兵備局長室に来られて『いったい日本海軍の戦備はどうなっているのか、物資の調達、動員はどうなっているか、兵備局長から率直に説明してもらいたい』といってこられました。私は『日本の物資面の動員は大変遅れています。十年間も中国と戦争をして、これから新たにアメリカという強大な海洋国と戦争をするということは到底考えられません。まず、中国から撤兵するとかしてもっと物資を豊富にし、飛行機なり軍艦なり武器を拡充するほうが先です。アメリカが中国から撤兵しろといっているのだから、とにかくある程度その言い分を聞いて、そして最後には総理大臣とアメリカの大統領とが話しあうとか、まだいろいろ途はあると思います。中国との十年間の戦いで物資が蕩尽されていることと、出師準備をやろうとしてもできなかったいまの状態で、三国同盟によってイギリスを本当に敵に回し、それに新たにアメリカと戦うというんでは、兵備局長としては非常にむずかしいと思います。いまの状態で海軍に戦さをしろといわれたら、これは大変に難渋する。しかし、それでもどうしてもやれということなら、それは方法はあるでしょうが』と申し上げた。

殿下は私の言葉に大変興味をお持ちになり、陛下にもそれを伝えられたのではないでしょうか。殿下は非常に先の見える方でしたから。軍令部の中で、指令する人たちはみんな戦争をやるほうに賛成だったのですから、殿下も非常にやりにくかったことと思いますが、私の申し上げたことを陛下にお伝えになり、それで陛下は東条さんをお召しになり、さらに永野さん・嶋田さんを召されて、海軍の戦備の状況をお確かめになりました。……」

「高松宮かく語りき」から十二年あとにまったく同じことを語るのなら、なぜ保科は十二年前に沈黙を守ったのでしょう。

ここで保科善四郎がどういう人物であったのかを記しましょう。と言うのも、昭和の大戦争の歴史、昭和の海軍史に通暁している人であれば、必ずや井上成美の伝記に目を通し、そのなかでかれが保科のことに触れている箇所を記憶しているのではないかと思うからです。戦争末期に海軍次官であった井上成美は人の悪口を言いたがる悪癖の持ち主だったのですが、保科の手相を見て、かれの人格を非難しているくだりが載せられています。

そこで保科の人間像をほかの人に語ってもらいます。大井篤が偲ぶ保科について見ましょう。大井は優秀な海軍軍人であり、保科と同じように戦後も活躍しました。静岡新聞の論説委員をつづけたのも、その活動のひとつでした。高松宮の没後、高松宮日記の編纂に取り組むことになったのは、大井が海軍大学校で高松宮と同期だったからでした。高松宮妃に頼まれたのです。そして大井は、山本五十六、米内光政の伝記を書いた作家の阿川弘之に手伝ってもらいもしました。

大井は海軍兵学校五十一期、保科は四十一期でした。十期も離れているにもかかわらず、二人が仲がよいという関係にあったのは特別な理由がありました。一緒にアメリカに留学した経験があったからです。昭和五年、まもなく中佐になろうとする少佐の保科と大尉になったばかりの大井は「米国駐在」を命じられました。

ハネデューメロン党か、グレープフルーツ党かといった文字を大井が日記に記したのは行きの船中でのことでした。船の朝の食堂の食後にでる果物の好みです。旅客機の時代に入るまで、客船で太平洋を渡ったことのある人びとが、のちに語りたがったささやかな自慢話のひとつでした。

留学した大学はそれぞれ違った保科と大井、ほかの三人の海軍留学生は、翌昭和六年に南北戦争、米西戦争の戦跡をめぐる自動車旅行をしました。大井は海軍部内で語られていた「保科が横になって寝ているのを報告するものに褒美をやる」といった伝説が事実であるのを、その旅行中に痛いほどに知りました。保科中佐の睡眠時間は五時間か五時間半でした。大井は疲れ果て、日記をつけることもやめていたのですが、保科はその土地、その土地で絵葉書を買い、切手を貼り、君の署名と留守宅の住所を書き入れなさいと手渡されました。のちに帰国して、今日はどこでなにを見たと書かれた絵葉書を留守宅の妻は何枚も受けとっていたのです。美しく、珍しいアメリカの絵葉書を手にしたのは、ほかの三人の留守家庭も同じであり、息子の、夫のアメリカ土産のひとつとなったのです。保科はこういった人物だったのです。

高松宮と保科の関係はどうだったのでしょう。高松宮は保科のもとで働いたことはありません。昭和十二年に軍令部員となったときに、保科は軍務局の課長であり、大本営の会議に出席する大臣の常時随員でした。そのときから高松宮は保科がエネルギーにあふれ、優秀であり、義務の遂行が的確であることをよく知っていました。

ところで、加瀬英明が書いたことをもう一度繰り返します。「宮は海軍省兵備局長保科善四郎少将から、天皇にそう申し上げることを依頼されたのだった」

それから十二年のちに保科はつぎのように記しました。高松宮が「『いったい日本海軍の戦備はどうなっているのか、物資の調達、動員はどうなっているか、兵備局長から率直に説明してもらいたい』といってこられました」と書きました。保科の説明は高松宮が語った話をなぞり、上手にとりつくろったものでしょう。

しかし、高松宮と保科はともに真実を語ってはいなかったのです。

二人が真実を語ってはいないのは、だれにでも容易にわかることでした。なるほど高松宮はアメリカとの戦争を回避しようと努力を重ねていました。そして高松宮は保科局長を尊敬していました。だからといって、保科が説くことを聞いた高松宮が、明日、いや、明後日に参内して、お上にアメリカとの戦争は思いとどまるようにと申し上げることにすると約束したでしょうか。

十一月十五日に御前兵棋は終わっていました。明治宮殿の東溜《ひがしだまり》の間で、海軍の制服を着用した天皇を前にして、地図上に駒を動かしての三時間にも及ぶ催しでした。もちろん、本物の戦争の準備はまさにはちきれんばかりといった勢いで進んでいました。連合艦隊の全戦力はいまこそ最大の試練に挑もうとして、西太平洋の広大な水域に展開していました。ハワイ攻撃の機動部隊はすでにハワイ沖に直進しており、陸軍の比島攻略兵団の進攻準備は整い、マレー上陸作戦、シンガポール攻略の全準備は終わり、南方作戦は命令を下すだけとなっていました。重臣会議が開かれました。絶対に反対だと説く段階はとうに終っていることを重臣のひとりひとりが承知していました。近衛文麿、岡田啓介、米内光政が開戦に疑問を差し挟みましたが、反対だと主張することはできませんでした。胸中の反対を抑え、もはやそれを言う時機は終ったのだと諦めていました。そして十二月一日の御前会議、その翌日には開戦の発令をするといった段取りで、すべては分刻みで前進していたのです。

そのような、ぎりぎり押し詰まったときになって、高松宮はひとりの局長の説明、依頼を受けただけで、よし、十一月三十日にお上に戦争はしてはなりませぬと申し上げると約束することはありえませんでした。

だれもがそう思いました。加瀬英明が高松宮から説明を聞いたとき、問い直し、保科少将だけですかと問うたのではないかと私は想像しています。

昭和十七年一月、東久邇宮、原田熊雄、小林躋造、近衛文麿に向かって、高松宮の協力者、高松宮に直訴を依頼したのは保科善四郎だったと告げたら、だれもが首をかしげ、一呼吸おいて、その局長は使いだろう、だれの使者だったのかと考え、ひとりの提督の顔を思い浮かべたにちがいありません。

山本五十六です。

保科善四郎が隠した山本五十六

そこで保科善四郎に戻ります。前に述べたことを繰り返します。昭和五十年一月、『文藝春秋』に高松宮のインタビューが掲載されました。保科の友人、知人のすべてが、かれに会ったとき、あるいはかれに電話を掛けて、はじめて知りました、アメリカとの戦争を避けようと努力なさったのですね、私たちの集まりで是非それを話してくださいと頼み、うちの雑誌に書いてくださいと依頼し、当然、喋ってくれる、書いてくれるものと期待したはずでした。だが、かれは喋りもせず、書きもしませんでした。そしてその半年あと、大戦を語った保科の自伝、「大東亜戦争秘史」が刊行されたのですが、読者のだれもがまっさきに読みたいと思った戦争回避のためにかれがやったことはなにも記されていませんでした。前に記したように、高松宮の名も出てきませんでした。

なぜ保科はなにも言わず、なにも書かなかったのでしょう。どうして高松宮が語られたとおりですと言わず、なぜ私が高松宮にお願いしたのですと回想録に書かなかったのでしょう。かれはある危惧を抱いていたのだと思います。書いたり、喋ったりしてしまって、そのあとに、保科のその説明は事実とは違うと指摘され、かれが隠した秘密が明らかにされる事態となるのを恐れたのでしょう。

高松宮が天皇に避戦を説いたのは保科局長に依頼されてのことだと語ったとき、それは事実とは違うと言いだす者はいませんでした。だからといって、保科が自分の回想録のなかで、高松宮が語られたとおりですと書いてしまって、絶対に大丈夫という自信がかれにはなかったのでしょう。隠し立てをしている、嘘をついていると批判されることになったら、迷惑が及ぶのは高松宮、そして高松宮だけでは済まなくなることを保科は承知していたからこそ、かれはじっと黙っていたのです。

昭和五十（一九七五）年に高松宮が十一月三十日の出来事の背後にあった事実をはじめて明らかにしたとき、その出来事のすべてを知っていた人はあらかたが亡くなっていました。だが、生きていた人はいました。前にも触れたとおり、木戸幸一です。

昭和四十九（一九七四）年八月から翌五十（一九七五）年九月まで、勝田龍夫は木戸幸一から思い出話を聞き、原田熊雄を主人公のひとりとした「重臣たちの昭和史」をまとめました。その下巻の最後の二頁、昭和二十年十二月の近衛の死、翌二十一年二月の原田の死を淡々と描いて、敗戦直後の日本の悲しみを読者の心に伝えます。

銀行家だった勝田は引退したあと、夫人の美智子の父が原田熊雄であったことから、岳父の伝記を書こうとして、原田の長い友人だった木戸の話を聞いたのです。その聞き取りは一回に一時間ほど、二十五回に及んだのだと勝田は記していますから、当然、そのあいだに勝田も、木戸も、『文藝春秋』の昭和五十年二月号に掲載された高松宮がはじめて明らかにした十一月三十日の直訴についての直話を読んだはずでした。そして勝田は木戸日記を丁寧に調べていたでしょうから、その日になにが起きたのかを木戸から直接聞こうと思ったにちがいありません。だが、勝田の著書のなかにその日の記述はありません。木戸が勝田の質問にどのように答えたのかは想像できます。「それは高松宮さんのことだから、私が喋ることはないだろう」

もちろん、保科善四郎は木戸を恐れていたのではありません。木戸の十一月三十日の日記にはすべてが記されていないのだと第一章に記しました。木戸は書こうとしなかった秘密を絶対に明かすつもりはありませんでした。保科はそれを知っていました。

木戸のほかに、昭和五十年に十一月三十日の出来事を覚えていた宮廷の関係者はまだいました。入江相政《すけまさ》はそのひとりだと思います。侍従長だった入江は昭和五十年二月十六日の日記につぎのように記しました。「文春の加瀬英明の高松宮を読んで寝る。高松さんをいい役にしただけのつまらぬもの*」

だが、入江が「高松宮かく語りき」を読みはじめ、早速、二ページ目に昭和十六年十一月三十日のことがでてきたのを目にしたとき、高松宮はとうとうすべてを明らかにしてしまったのかと息を呑んだにちがいないと私は想像しています。

三十四年前の昭和十六年十一月三十日、そのときに入江は侍従でした。公開されたかれの日記には、その日の記述はありません。その日にかれが宮廷に出勤していなかったのなら、ほかの侍従、小倉庫次《おぐらくらじ》から大変なことが昨日の日曜日に起きたのだと聞かされたにちがいありません。そしてそのあとその日のことについていくつかの情報を得たにちがいありませんから、三十数年のちではあっても、かれが『文藝春秋』をひろげたとき、胸騒ぎがしてもなんの不思議はなかったのです。

宮廷に勤務する人は、人事の回転はありません。侍従であれば半生にわたって昭和天皇に仕え、天皇と直接接触する期間は半世紀にも及ぶことになりました。平成八（一九九六）年二月に亡くなった徳川義寛《よしひろ》を例にとるなら、かれが侍従となったのは昭和十一（一九三六）年、三十歳のとき、二・二六事件の直後でした。昭和二十年八月十五日未明に侍従のかれが「玉音放送録音盤を死守」した話は多くの人が承知しています。昭和六十（一九八五）年九月に、これまた宮廷勤務の長い、徳川より二年前の昭和九年から務め、そのときに侍従長だった入江相政が急死し、侍従次長だった徳川が

＊監修　入江為年「入江相政日記　第五巻」朝日新聞社　一九九一年　一三七〜一三八頁

後を継ぎました。徳川が侍従長の職を勇退したのは、昭和六十三（一九八八）年、八十一歳のときだったのです。

こうしたわけで、宮廷に勤務した人びとは戦前、戦中をつうじて昭和天皇と苦楽をともにし、敗戦のあとしばらくのあいだは天皇を守ることに一喜一憂をつづけました。そしてその長い宮廷勤務のあいだには、天皇が語ったこと、かれらの同僚、あるいは侍従武官から話を聞くこともあったでしょうから、かれらは昭和十六年十一月三十日に起きた出来事の隠されてきたすべてを承知していたにちがいありません。

保科善四郎に戻ります。かれは入江相政のような宮廷の関係者を警戒したのでしょう。というより、かれらの身内の人たちを恐れたのです。高松宮が保科少将に依頼されて、天皇に申し上げたのだと語ったことが活字になり、その数カ月あとに保科がこれまた活字でそれを裏付けることをしたら、それが刺激となり、きっかけとなって、宮廷の関係者が残した記録や日記がかれらの妻や子によって明らかにされることを懸念したのだと思います。

そこでかれは「大東亜戦争秘史」で十一月三十日のことはまったく触れないようにして、それから十二年あとの高松宮の没後、もう大丈夫と思ったのでしょう、高松宮が語った事実を追認するだけの文章を発表したのです。前に掲げたとおりです。

こうして高松宮は生前、十一月三十日の真実を明かすことなく、保科も死ぬまで十一月三十日の真実を明かしませんでした。ですが、保科の回想録をもう一度、読み直してみましょう。

保科は有能、勤勉な人物だったとは前に記したとおりですが、八十四歳のときに書いたその「大東亜戦争秘史」は正直、退屈きわまる「秘史」です。かっては機密であったとしても、ごくごく平凡な政府資料と無味乾燥な覚書を引き写しただけのものです。読者の感情、空想力を刺激する箇所はまったくありません。

たとえば「第五節　開戦直前の『保科メモ』」を見ても、「一、開戦予定の国策決定閣議（十一月四日）」「二、開戦予定の国策決定大本営政府連絡御前会議（十一月五日）」と並ぶだけです。ところが、水と油といった箇所があります。その第五節の「五、山本司令長官と私」の一段は、ほかの節、ほかの章と違います。自分が山本長官に深く信頼されていたという事実がはじめて肉声で語られています。この部分は自分が筆をとったのです。昭和十六年十一月に保科が広島湾の柱島の泊地に錨を下ろしている旗艦、長門に山本長官を訪ねたことを記述しています。長官から兵站の重要性を教示されたのだと記しているのです。

読者は少々気になり、著者の保科はなにかを言いたいのではないか、そのためにこの一節をわざわざ加えたのではないかという疑いを強めます。

『文藝春秋』に載せられた「高松宮かく語りき」のほうはどうでしょう。前に記したとおり、原田熊雄や近衛文麿が昭和五十年に健在だったとして、高松宮の直訴に協力した海軍軍人が保科善四郎だったと明らかにされて、それを信じることはありえなかったのです。一般読者もそれを信じることができないだろうと書きました。保科の背後の人物は、ほかのだれでもない、山本五十六だということになったはずです。

山本が昭和十六年九月、十月にやったことは前の章に記したばかりです。そうした事実を知れば知るほど、十一月三十日に高松宮に「天皇にそう申し上げることを依頼」した人物は山本五十六以外にいないとだれもが思って当然となります。そしてその推理が正しいかどうかを確かめようとして、自分の「秘史」が読まれることになると保科は承知していました。しかし、高松宮が隠しとおした事実を明らかにすることはできません。せめて自分がどれほど山本長官に信頼されていたかということだけは書いておきたいと思ったのが、「山本司令長官と私」の一節だったのでしょう。

そこで高松宮に戻り、宮の「山本司令長官と私」を見つけなければなりません。その日記を調べても、対米戦争を阻止するために山本長官と協力したのだという記述がないのは、前に取り上げた保科が記した「秘史」と「軍令部の殿下と軍務局の私」にそれがないのと同じです。昭和十七年はじめに原田熊雄と近衛文麿が前年十一月末に高松宮が天皇へ直諫したという事実を知って、高松宮と山本長官との連繫プレーだと思ったにちがいないと前に書きました。その箇所に記したとおり、それは私の推測です。

今更、言うまでもありませんが、高松宮は昭和十六年の日記にアメリカとの戦争に反対する自分の考えを記したこともなければ、だれかとの対話で、そのような話をしたと記述したこともありません。

高松宮が昭和十六年に比叡に乗艦していたあいだ、その日記に山本長官と顔を合わせたという記述は何回かでてきます。天皇が懸念した昭和十六年八月の十日間の海上勤務が最後になりますが、高松宮が比叡を退艦する八月十六日、長門に乗っていた山本が高松宮に別れの挨拶をするために比叡に来ました。そのときには、だれにも怪しまれることなく、二人だけになる機会があったのでしょう。しかし、高松宮は日記に「聯合艦隊長官来艦」と記しただけで、それ以外、なにも書いていません。

私は九月三日に高松宮が軍令部第一部員の大野竹二と会ったと第三章で記し、和戦二本立ての「国策遂行要領」が連絡会議で決まったこと、御前会議で正式決定となる予定であること、それとはべつに、外交一筋と定めた海軍案が一週間足らず前に提案されはしたものの、内大臣の手で潰されてしまったという事実を聞いたであろうと記しました。前にも述べたことですが、高松宮のその日の日記にそうした事実はなにもありません。日記の記述はつぎのとおりです。

「午前、軍令部へゆき、大野大佐よりきく。対米戦備の連絡会議あり」

もちろん、なにも書き残さなかったのは高松宮だけではなかったのです。高松宮が大野から聞いたであろう「国策遂行」の海軍方針案が現在、明らかにされていないのです。それが内大臣と陸軍の反対によって潰された経緯の記録もありません。そして前に記したとおり、その重大な海軍の態度決定があったことを戦後に語った海軍軍人がいなかったばかりか、そうしたことがあったと仄めかした海軍軍人もただのひとりとしていないのです。

ここで高松宮の九月九日の日記に戻ります。その日の夜、皇居での映画会のあとの天皇との会話は、一行だけでした。「御前会議の不徹底につきてお話した」

私は第三章で、御前会議の内容を高松宮に伝えようとした人間がいた、と記しました。それは誰だったのか。私が気にかかるのは、高松宮の日記のその「不徹底」の三文字です。

「不徹底」という言葉は珍しくありません。だれもが使います。しかし、私が高松宮日記のなかでその文字を見付けたときに思いだしたのは、山本五十六が同じ昭和十六年に書いた手紙のなかに同じ文字があることでした。一月二十三日に山本の親友のひとり、古賀峯一に宛てた手紙の一節をつぎに載せます。古賀はそのとき第二艦隊司令長官でした。旗艦は高雄でした。

「三国同盟締結以前と違い、今日に於ては参戦の危険を確実に防止するには、余程の決心を要す。一の（軍令部第）一部長（宇垣纏と連合艦隊参謀長福留繁との）交代位で、又次官（豊田貞次郎）交迭位では不徹底と思考す」

そのつづきも写しておきましょう。

「先ず軍令部に於ては米内氏を総長とするか、又は次長に吉田或いは古賀を据え（何れも無理の人事なるも）福留をして補佐せしむる事とし、次官を井上として上下相呼応する程度の強化にあらざれば効果なかるべし、……之に対し及川氏は可とも不可とも言う処なかりき」

もう一度繰り返しますが、「不徹底」という言葉はごくありふれ、だれもが使います。しかし、この言葉を使い慣れている人がいたのではないかと私は思ったということです。

高松宮の「山本司令長官と私」はこのあともつづきます。

第六章

山本五十六の十一月

十一月十五日、江田島、呉

昭和十六年十一月二日、ハワイ攻撃に参加予定の赤城から瑞鶴までの空母六隻を中心とする全艦艇が鹿児島県の有明湾に集合しました。有明湾の別名は志布志湾です。翌十一月三日午後一時半、旗艦の赤城に機動部隊の各級指揮官と幕僚が集められました。南雲忠一第一航空艦隊司令長官がかれらにハワイ奇襲作戦をおこなうことになると明かしました。そして翌日、十一月四日から特別訓練を開始しました。

午前一時、有明湾を出港した機動部隊は太平洋を南下して、攻撃目標である大分県の佐伯湾まで二百五十浬の距離の空母飛行隊の発艦位置まで航行します。佐伯湾がオアフ島の真珠湾となります。航空機の発進は黎明発艦とすでに決められています。午前七時に第一次攻撃隊が飛び立ちます。午前八時半に第二次攻撃隊が発進します。第一次攻撃隊の総指揮官は淵田美津雄中佐、赤城の飛行隊長です。第二次攻撃隊の総指揮官は嶋崎重和少佐、瑞鶴の飛行隊長です。水平爆撃隊、急降下爆撃隊、雷撃隊、制空隊の四群がいくつかのグループに分かれ攻撃する、実戦通りの演習です。

ハワイ作戦では二つの攻撃隊合わせて三百五十機の爆撃機と戦闘機を投入する予定ですが、この演習では制空隊の半分が佐伯基地にあって、攻撃隊を邀撃する任務を負わされました。航空魚雷を搭載した雷撃隊が低高度で飛び、佐伯湾に在泊する艦船に近づきます。二隊に分かれ、目標艦船を左右から挟撃する形をとります。千メートルまで迫って魚雷を発射し、そのまま目標艦の上空を飛び越えます。実際の戦いでは敵戦艦、敵空母を狙うことになります。徹甲爆弾を搭載した水平爆撃隊が上空から艦船を攻撃します。敵空母が目標です。そして急降下爆撃隊は陸上の飛行場を襲います。最初に攻撃を終え、帰投する艦爆、艦攻は、午前九時すぎに発進地点の母艦に戻ります。翌十一月五日も同じ訓練をしました。三日目の十一月六日が最終訓練となり、ハワイ奇襲作戦訓練の総仕上げは終ります。

機動部隊のその最後の特別訓練をはじめる前の十一月一日、山本五十六は嶋田大臣から緊急電報を受け取りました。十一月三日正午までに、目立たないようにして大臣官邸まで来いという内容です。中央は和戦いずれかを決めることができないのだと山本は思いました。宇垣参謀長に向って、「ハッキリ出来ぬから呼ぶのだ」と言いました。＊副官ひとりを連れ、輸送機で東京に行き、十一月一日に決まった「国策遂行要領」の内容を告げられました。あろうことか、はっきり決まってしまっていたのです。山本は息を呑みました。かれが注視したのはただ一点、「十二月一日午前零時マデニ対

＊　宇垣纏「戦藻録」原書房　昭和四三年　一〇頁

米交渉ガ成立シタ場合ハ武力発動ヲ中止スル」と定めた最後の一項です。

山本は四日に長門に戻ってきました。ところが、かれは再び東京に行かねばなりません。六日の最後の特別訓練を観戦することなく、参謀長の宇垣纏、司令部員とともに佐伯に上陸し、大分海軍航空隊の基地から横須賀に向いました。翌十一月七日から十日まで、軍令部、さらに陸軍側と南方作戦の打合せをすることになります。

十一月十一日の朝、山本と幕僚たちは横須賀海軍航空隊に向いました。帰りも輸送機です。午前十時、基地の玄関に、横須賀鎮守府長官の平田昇と参謀長が山本を見送るために来ていました。

山本は平田と二人だけで五、六分、密談したのではないかと思います。このさきで述べますが、平田は山本と以心伝心の間柄でした。

午前十時半、輸送用に改造された一式陸攻は横須賀を飛び立ちました。午後一時半、岩国海軍航空隊に到着、山本は長門に戻りました。長門は豊後水道から柱島に戻っていたのです。

二日あとになります。十一月十三日午前八時すぎ、柱島水道の錨地に投錨している長門、赤城、加賀の周辺から内火艇が動きだしました。長門が柱島に戻ったあと、赤城、加賀、ほかの艦艇も最後の訓練を終え、柱島に戻ってきていたのです。

柱島水道のこれら戦艦、空母の一群は山陽本線の列車の窓からは柱島にある二百六十メートルの高さの山が邪魔になり、見ることはできないし、神戸と別府を結ぶ関西汽船の客船からは大島や津和地島の百五十メートルの丘が屏風になって、これまた見ることができません。

岩国航空隊の桟橋に着いた内火艇から各艦隊の司令長官、参謀長、首席参謀が上陸し、航空隊構内にある会議室に入りました。第一艦隊、第二艦隊、第三艦隊、第四艦隊、第一航空艦隊、第十一航空艦隊の幹部たちです。朝の九時になります。山本長官は軍令部総長から受領した大海令第一号を集まった四十人に伝え、X日が十二月八日であることを明らかにしました。

大海令とは大元帥が――大本営ではありません――軍令部総長を通じて、連合艦隊司令長官、支那方面艦隊司令長官にたいして出す命令です。X日とは戦争を開始する日です。

そのあと連合艦隊の作戦計画の最終的な打合せとなりました。それが終わって、最高指揮官の山本は再び壇上に立ちました。つぎのように言いました。「目下ワシントンで行われている日米交渉が成立した場合は、X日の前日午前一時までに、出動部隊に引揚げを命ずるから、その命令を受けた時は、直ちに反転、帰航してもらいたい」

さらにかれは付け加えました。たとい攻撃隊発進のあとでも、命令を受けとったら、引き返させるようにせよと命じたのです。

機動部隊の最高指揮官、第一航空艦隊の南雲忠一中将が無理な注文だと言葉を挟みました。

「出て行ってから帰って来るんですか？　そりゃァ無理ですよ。士気にも関するし、そんなことは、実際問題としてとても出来ませんよ」

二、三の指揮官が南雲中将の反論に同調しました。伝統と上下の序列の厳しい世界で、海軍航空隊の士官は例外でした。飛行機乗りの性格と行動は積極的で、上官にたいして自分の考えをはっきり述べる気風がありましたから、長官の前でも臆することがなかったのです。それではまるで、出かかった小便をとめるようなものだという声もでました。

山本は雑音を制し、顔を引き締め、声を張り上げました。「百年兵を養うは、何のためだと思っているか。もしこの命令を受けて、帰って来られないと思う指揮官があるなら、只今から出動を禁止する。即刻、辞表を出せ*」

言葉を返す者はいませんでした。機動部隊は佐伯湾を出港したときに無線を封止します。そして飛行隊が封止を破るのは真珠湾攻撃を開始したときになります。戦闘機に装備してある無線電話は性能が悪く、雑音がひどいために、ものの役に立ちません。しかし、艦上攻撃機、艦上爆撃機には電信員が搭乗しています。「引き返せ」の電報を送ればよいことです。それを聞いたら、攻撃隊の先頭機に乗る総指揮官が風防を開け、信号拳銃弾を発射して、後続機に合図をします。さらに翼を振ってもいいでしょう。

しかし、実際に山本の頭にあったのは、十二月七日の夜明けまでなら絶対に引き返すことができる、そのときまでにアメリカとの和平合意を成立させて欲しいという願いだったのでしょう。六隻の空母と十四隻の戦艦、巡洋艦、駆逐艦がハワイ基地のアメリカ海軍の飛行艇の飛行哨戒圏に入り、発見される危険を覚悟しなければならなくなるのは十二月七日の朝からです。なによりも、山本がハワイ襲撃の大願に勇み立つ部下たちの頭に叩き込みたかったのは、和平成立の可能性はまだあるのだ、それをしっかり覚えておいて欲しいということだったのです。

見てきたとおり、山本五十六は十一月十三日に連合艦隊の各艦隊の司令長官、参謀長、首席参謀を集め、開戦の日は十二月八日だと告げながら、ぎりぎり最後の瞬間まで和平を願っている自分の本心を隠そうとしませんでした。ところで、かれは万が一、自分の努力が失敗に終わるなら、戦いをはじめるのと同時に真珠湾を急襲し、アメリカの太平洋艦隊を全滅させる作戦計画を立て、それを敢行したことは、ここで書くまでもありません。

＊　阿川弘之「山本五十六　下」新潮文庫　平成一九年　六四頁

山本五十六がアメリカとの戦争を是が非でも避けようとした願いと、かれのこのまことに大胆なハワイ作戦の計画とは真っ直ぐ繫がっていました。

正規空母のすべてを投じ、三千五百哩《マイル》もの長距離の隠密航行をして、真珠湾を襲う作戦構想を山本五十六は立てました。しかし、軍令部第一部第一課の全員が投機的に過ぎると反対したばかりでなく、かれの連合艦隊の部下たち、ハワイ奇襲の立役者となるはずの第一航空艦隊司令長官の南雲忠一、さらには開戦と同時にフィリピン、ジャワ島の作戦を担当することになる第十一航空艦隊の司令長官の塚原二四三《にしぞう》、参謀長の大西瀧治郎まで、すべての海軍幹部が反対しました。では、山本が自分ひとり唱えつづけたハワイ作戦の構想を取り下げることにして、アメリカとの戦いを開始したら、連合艦隊はどのような戦いをすることになったでしょう。

実際には、真珠湾を攻撃してから半年あと、昭和十七年五月に珊瑚海海戦、六月にミッドウェー海戦が起きます。真珠湾攻撃と同様、いずれも航空戦力による戦いとなりました。情報の戦いに負けたことから、待ち伏せにあい、相討ちの戦いとなり、つぎに完敗する海戦となりました。なにしろ、ミッドウェー水域に向う攻撃部隊の全陣営から攻撃時機はもちろんのこと、ミッドウェー上陸作戦の指揮官が太田実海軍大佐であることまでアメリカ側にすべてが筒抜けだったのです。そこで真珠湾攻撃を断念して、開戦となったら、ウェーク島沖か、マーシャル群島の水域での海戦が起きたにちがいありません。ミッドウェー海戦のように、こちら側の不手際と不運が重ならなかったとしても、双方の艦船の損失が同じ程度の海戦を繰り返すことになり、航空機、なによりも練達のパイロットを失っていく消耗戦がただちにはじまります。アメリカ側は艦船、航空機、搭乗員を補充し、増やしていくことができますが、日本はそれができません。「中攻一千機、零戦一千機」とそれに見合う搭乗員を常時補充できない限り、戦いをしてはならないと及川古志郎に説き、永野修身に主張したのが山本五十六でした。

ところで、山本五十六は連合艦隊司令長官になって、海軍航空の育ての親が戻ってきたと部下たちに歓迎され、航空戦力と空母を重視する、明日の戦略家だと部下たちから尊敬されていたわけではありません。駆逐艦の艦長から航空隊の分隊長までが山本の名前で思いだす記憶は、連合艦隊司令長官となる前の次官時代に弱腰の卑怯者だと悪口雑言された口汚い非難の数々でした。たとえば赤城の飛行隊長の淵田美津雄少佐、のちのハワイ攻撃隊の総指揮官は、山本五十六が長官に就任して、「山本五十六というのは、妙にイギリス、アメリカ好きで、弱いらしいぜ。腰抜けとちがうか」と広言するような雰囲気でした。*

＊ 阿川弘之「山本五十六　上」新潮文庫　平成一八年　三四四頁

昭和十六年十二月にアメリカとの戦いをはじめて、マニラ、シンガポールの占領ができたとしても、太平洋正面の戦いで、空母、巡洋艦、駆逐艦、そして航空機と熟達したパイロットをずるずると失っていく消耗戦に引きずりこまれたら、第一線の指揮官たちの焦りと失望は連合艦隊司令部の戦いの指導に向けられ、あの長官は敗北主義者だからだといった根深い不満になり、なによりも恐ろしいのは、指揮官たちの士気の低下がかれらの部下たちの士気に間違いなく影響を与えるようになることでした。

だれよりもそれをはっきり知っていたのは山本五十六でした。もしも戦いになってしまったら、そのぎりぎり最後まで戦争を避けようとした臆病者、大きな恥辱を受け入れさせようとした卑怯者が、航空部隊、潜水部隊の指揮官たちに向って、あろうことか、勝利への意志を持てと説かねばならなくなるのです。だからこそ、あらかたの海軍幹部の反対を斥け、僅か一時間で西太平洋を制圧するのに成功してみせるという一か八かの大冒険をかれはおこなうことにしたのです。そしてその三日あとにはマレー沖で二隻の英国の戦艦を沈め、西太平洋における米英両国の全戦艦をたちまちのうちに片づけてしまい、フィリピンのアメリカ軍、マレーの英国軍の士気を瓦解させ、戦闘に勝てるはずはないと思い込ませてしまい、チャーチル英国首相の「全面的焦土作戦をおこなえ」、「すべてを破壊せよ」の命令を守る将兵などいるはずもないようにさせたのです。見事な勝ち戦の代償はごくごく僅かでした。航空機搭乗員三十九人と潜水艦、特殊潜航艇の乗員百二人のハワイ攻撃の戦死者を含めて、全戦場の将兵の戦死は一万四千人、航空機の損失は四百機足らずでした。国民は勝利に沸きかえり、海軍軍人は絶対的な勝利の信念を持つようになりました。

アメリカとの戦いを絶対に阻止しようとして、そのために最後の最後まで努力をした人物は、同時に勝てるはずのない戦いをしなければならない重い責任を担っていましたから、開戦のはじめに真珠湾を急襲する計画を立てる以外になかったのです。私は「山本五十六は普通の人間ではない」と「序章」の文頭に二度記しました。こういうことをかれがやったからなのです。

前に戻ります。十一月十三日に連合艦隊の全幹部を集めて、開戦の日は十二月八日と告げた会議の合間のことだったのでしょう。休憩時間のときに、第四艦隊長官の井上成美が航空隊の司令の部屋に入りました。司令はいなくて、ひとり、ぽつねんと座っていたのは山本でした。「山本さん」と井上が声をかけました。「とんでもないことになりましたね。長谷川さんは、大変なことになると、工業力は十倍だぞと言っておられましたよ。だけど、大臣はどういうんですかね。発つ時、岩国へ行って来ますと言って、大臣にも挨拶して来たんですが、嶋田さんと来たら、ニコニコして、ちっとも困ったような様子じゃありませんでしたよ」

「そうだろ。嶋ハンはオメデタイんだ」と言った山本の顔に苦渋があふれていました。*

第四艦隊長官の井上成美だけが、連合艦隊司令長官の山本と同意見だったのではありません。九月二十九日に山本が永野軍令部総長に向って、「かかる成算小なる戦はなすべきに非ず」と語ったことは前に記しましたが、山本は最後に「一艦隊、二艦隊、三艦隊、四艦隊各長官とも、ほぼ同意見です」と言ったのです。

名前を挙げておきましょう。第一艦隊の司令長官は高須四郎中将、二艦隊の長官は近藤信竹中将、三艦隊の長官は高橋伊望中将でした。かれらはいずれも目黒の海軍大学校の図上演習に参加していました。

ところで、井上成美が嶋田新海軍大臣のニコニコ顔にびっくりしたのは、十一月の何日だったのでしょう。海軍の最高首脳、永野修身と及川古志郎については前に説明しました。嶋田繁太郎について書いておきましょう。

井上が海軍大臣室を訪ねるより数日前の十一月一日のことです。嶋田にとっては決断の日でした。かれは十月十八日に海軍大臣になったのですから、二週間足らずあとのことになります。十日ほどつづいた大本営・政府連絡会議の最終日、廃棄した九月六日の「国策遂行要領」に代わる新版の「国策遂行要領」がこの日に決められます。

嶋田はいよいよ戦う決意を表明するしかありません。そうです。第三次近衛内閣が倒れたとき、木戸内大臣が陸海軍に求めた陸海軍の「協調」「融合」の要求に嶋田は従わなければならないときが来たのです。

会議がはじまってすぐ、海軍の鋼材の配分を増やせと突然の要求を嶋田はだしました。年間二十五万トンを陸軍に要求しました。現在なら、たったそれだけという僅かな量でしたが、海軍配分量の二〇パーセントにのぼり、鋼材年間生産量の五パーセントに達する量だったのです。どの道、うんと言わなければならないのなら、この機会に鋼材をせしめてやろうという嶋田繁太郎の魂胆の情けなさ、哀れさはさることながら参謀総長の杉山元の言い草たるや、なんともふざけたものでした。「鉄をもらえば決心しますか**」

嶋田はその無礼な台詞に顔色を変えなかったのでしょうか。かれはもううしろを振り向かないと決断をしていました。不安を抑え、欺瞞に閉じこもり、すべてを運命に任せようといった諦観に徹することです。陸軍と民需分の鋼材の一部を海軍に分けることが決まったあと、嶋田は別室に東郷茂徳外相を誘い、陸軍の中国駐留期限が長すぎるといった批判はやめるようにと説得することにもなりました。そこで出征の挨拶に大臣室を訪れた井上成美を嶋田はニコニコ顔で迎えることにもなったのです。

---

*　阿川弘之「山本五十六　下」新潮文庫　平成一九年　六五頁

**　角田順「日本の対米海戦」「太平洋戦争への道　第七巻　日米開戦」朝日新聞社　昭和三八年　三一四頁

しかし、軍令部総長の永野修身と同じように、嶋田がニコニコできたのは、僅かなあいだでした。負け戦がつづくようになれば、海軍部内のいらだちは大臣に向けられ、「東条の腰巾着」「東条の副官」と悪口を言われるようになりました。そして昭和十九年六月二十日にあ号作戦が失敗に終って、かれの最後の望みの綱が断ち切られました。かれにたいする非難はさらに大きくなり、七月十七日にかれは海軍大臣を辞め、八月二日に兼任していた軍令部総長からも退任しました。

かれが巣鴨の拘置所を仮出所したのは昭和三十年四月です。戦後ずっと沈黙を守りましたが、日記、手記を残しています。一九七六（昭和五十一）年に亡くなりました。九十二歳でした。

前に戻ります。岩国に集まった連合艦隊の第一線にでる各艦隊の司令長官、参謀長、首席参謀の四十人が、山本長官はまだアメリカとの和解の望みを捨てていないと知った十一月十三日のことになります。

同じ日、高松宮は日記につぎのように記しました。

「〇七〇〇隊へ。一六一二皈。
一八〇〇、三笠宮いらっして夕食。一九〇〇、第六天とキサ子来る。ニュース映画、二六〇〇記録映画、マンガ。
一一一五、平田新横鎮長官来訪」

「隊」とは横須賀海軍航空隊のことです。「第六天」とは以前にあった小石川区の第六天町のお屋敷の主、徳川慶光《よしみつ》のことです。十五代将軍、慶喜公の孫、高松宮喜久子妃の弟です。そのとき二十八歳、宮内省に勤務していました。

ところで、「平田新横鎮長官来訪」が時間順ではなく、最後に記してあるのはなぜでしょう。

脇道にそれますが、平田昇のことを語っておきましょう。平田は明治十八年の生まれ、海軍兵学校三十四期でした。山本五十六の二期後輩です。昇の父は平田東助です。内務省高官、そして山県有朋の大きな政治勢力の中心にいました。大正十一年から十四年まで内大臣を務めました。昭和天皇の摂政時代です。父親が宮廷にいたという経歴が買われてのことでしょうが、息子の昇は第一潜水戦隊司令官から侍従武官になります。昭和十年六月から昭和十四年十一月までのあいだです。そのあとかれは佐世保鎮守府司令長官となります。

侍従武官だったときに、平田は米内光政、山本五十六との関係を深めました。侍従武官となって一年足らずあと、二月末の叛乱事件が起きました。襲われた内大臣、侍従長、首相はいずれも海軍の長老でしたから、海軍幹部はなによりもまず、われわれの大先輩を出鱈目な理屈をつけて殺したと激しく怒りました。素早く行動したのは、横須賀鎮守府司令長官の米内光政と参謀長の井上成美です。その翌日には特別陸戦隊を芝浦に上陸させ、海軍省の警備にあたらせました。軍隊の移動には天皇の裁可が必要なことから手間どったのですが、そのために侍従武官の平田が駆けずりまわりました。

そして昭和十二年末には、平田はパネー号事件を鎮静させようとする山本次官の働きに望みを懸け、昭和十四年前半には山本次官が陸軍と右翼の圧力をものともせず、ドイツとの同盟に反対をつづけるその度胸のよさに感服したのです。同じそのとき、平田が米内を大臣室に何回も訪ねていたことを大臣室の隣の部屋の榎本重治は気づいていました。ドイツとの同盟締結に反対の天皇が米内を激励しようとして、平田を派遣していたのでした。

天皇は平田が好きでした。戦後も、天皇は葉山に行ったときには、同じ葉山に住んでいた平田を呼び、昭和十年代の思い出話をして、将棋を指したのでした。

昭和十六年十月十八日に平田を横須賀鎮守府司令長官にしたのも、天皇の信頼がある平田を横須賀に置かねばならないと海軍首脳が考えたからでしょう。前に記したように二・二六事件の教訓を学んでのことです。つぎに海軍大臣になる人物が横須賀鎮守府長官の椅子に座ることが多かったのですが、それだけのポストではなかったのです。

十一月十三日のことに戻ります。平田は高松宮と話し合いました。平田は高松宮に向って、どのような話をしたのでしょう。それより二日前、十一月十一日の朝、同じ横須賀海軍航空隊の構内で平田は岩国に戻る山本連合艦隊司令長官を見送りました。*なにか話し合ったはずだとは前に記したばかりです。そして平田は高松宮と会いました。山本五十六―平田昇―高松宮の繋がりがあって、山本は高松宮になにを伝えようとしたのでしょう。十一月三十日の高松宮の直訴の背後に山本五十六の存在があったことが疑う余地のない事実であるなら、十一月三十日以前に、この二人はその計画の相談をしなければいけませんでした。二人が会う日時、場所を山本は平田を介して、高松宮に伝えたにちがいありません。

ところで、第一章で記したように、その翌日の十一月十四日からの高松宮の日記の記述がありません。高松宮の公式伝記である「高松宮宣仁親王」は没後四年目の平成三年に朝日新聞社から出版されました。十一月十四日以降のことで出てくるのは十一月二十日に横須賀海軍航空隊から軍令部に移ったことだけです。

高松宮の足跡を調べてみると、十一月十五日に江田島の海軍兵学校の卒業式に高松宮が臨席したことは新聞に出ています。十一月十六日の朝日新聞夕刊に「高松宮殿下兵学校へ台臨」の記事がありました。

＊　宇垣纏『戦藻録』原書房　昭和四三年　一五頁

「〔呉電話〕海軍兵学校第七十期生徒並に第二十期選修学生卒業式は十五日畏《かしこ》き辺《あた》りより御差遣の高松宮殿下台臨の下に厳かに挙行された、……

同十時三十五分優等卒業生徒平柳育郎君（埼玉県出身）の御前講演を聴召され、優等卒業の生徒六名、選修学生一名にそれぞれ畏き辺りより御下賜の短剣を御授与遊ばされ、かくて感激ひとしお深き新少尉候補生達は直に江田内を出港、勇躍鉄壁の海のまもりにつき、……」

四百三十二人の卒業生、そしてこれまた四百人を越すかれらの親たちが講堂に集まっていました。高松宮はどう思っていたのでしょう。戦争になってしまったら、この海兵七十期生、かれらだけでなく、かれらの一期上のこの三月に卒業した六十九期生、一期下の来年十一月に卒業する七十一期生、陸軍士官学校の卒業生なら五十四期生、五十五期生、五十六期生、二十代前半のもっとも年若い下級士官たちが真っ先に戦死してしまいます。軍人の職を選んだかれらだけではありません。大正九年、大正十年、大正十一年、大正十二年生まれの何十万にものぼる若者たちが戦場で死ぬことになるのです。緊張感に満ちあふれた式場内で、高松宮は唇を噛みしめたことでしょう。

このさきのことを語っておきましょう。海軍兵学校七十期の卒業生はいずれもアメリカとの戦いのはじめから戦い、南太平洋、北太平洋、マリアナ沖、フィリピンの水域、沖縄の水域で戦った中下級士官でした。駆逐艦の水雷長、潜水艦の航海長、巡洋艦の通信長、飛行隊長か分隊長でした。そして特攻隊の指揮官がいました。昭和十九年十月に戦死した関行男がそうですし、昭和二十年八月十五日に戦死した中津留達雄がそうです。卒業生四百三十二人のうちの六六パーセント、二百八十七人が戦死しました。*

四百三十二人の卒業生を代表して、「平柳育郎君（埼玉県出身）の御前講演を聴召され」の新聞記事は前に引用しました。育郎は大正十一年の生まれでした。昭和十九年一月、駆逐艦、文月はビスマーク諸島水域で敵機と交戦し、砲術長だったかれは重傷を負い、ラバウルの病院で戦死します。かれのほかの三人の兄弟はそれぞれニューギニア、台湾海峡、沖縄水域で戦没します。大正六年生まれの次男の三郎は昭和十九年四月に東部ニューギニアの戦場で戦死します。高射砲大隊の小隊長でした。明治四十三年生まれの長男の誠はビルマ大使館に派遣され、帰国することになった大東亜省の官吏でした。昭和二十年四月一日、阿波丸の二千三人の犠牲者のひとりとなります。昭和二四男の大正十三年生まれの芳郎は陸軍航空士官学校を出て、陸軍少尉でした。昭和二十年五月四日に知覧を飛び立ち、沖縄の嘉手納沖の敵艦船に特攻をおこなって戦死します。**

* 中沢佑刊行会編「海軍中将・中沢佑」原書房　昭和五四年　二三五頁

** 宮崎三代治「嗚呼！　平柳四兄弟」『増刊　歴史と人物』昭和五八年　三一六～三二八頁

前に戻ります。卒業式は終りました。十二時半から祝宴がはじまりました。高松宮は退席しました。このあと九州に行かねばなりません。ところで、呉駅で午後四時半近くの下りの列車に乗車するまで、自由になる時間が一、二時間あったと思います。そのあいだに高松宮は山本長官と会ったのではないでしょうか。

二人の日程を見ましょう。

前に記したとおり、山本は十一月十三日に岩国の海軍航空隊の講堂に集まった連合艦隊の各艦隊幹部に向って、日米交渉が妥結した場合には、引き返せと命じることになると告げました。翌十四日からは同じ岩国航空隊に陸海軍の関係者百人が集まり、フィリピン、蘭領東印度、グアム島攻略のための陸海軍間の作戦協定の協議がおこなわれ、最終日の十六日の午前中には、第十四軍司令官の本間雅晴中将、第十六軍司令官の今村均中将、第五飛行集団長の小畑英良中将、南海支隊長の坂口静夫少将、第三艦隊司令長官の高橋伊望中将、第四艦隊司令長官の井上成美中将が立ち並ぶなかで、山本長官と陸軍側の最高責任者である南方軍総司令官の寺内寿一大将が全協定に調印します。

翌十七日の朝には山本長官が座乗する長門は岩国沖から再び佐伯湾に向い、午後三時過ぎに機動部隊の旗艦、赤城の飛行甲板で機動部隊の各級指揮官と幕僚、飛行科士官に壮挙激励の訓示をすることになっています。翌十八日の早朝には佐伯基地で訓練していた戦闘機隊はそれぞれの母艦に戻り、鹿児島、出水、宮崎、笠ノ原、宇佐、大分の基地で訓練していた艦攻隊、艦爆隊もそれぞれの母艦に着艦、収容されます。機動部隊の各艦船は佐伯湾、別府湾を出港し、二十二日に待機地点である千島列島、択《エト》捉《ロフ》島の単冠《ヒトカップ》湾に到着することになります。

つぎに高松宮の日程を見ます。呉から九州に向かい、十七日に大分海軍航空隊の卒業式に臨席します。大分海軍航空隊は基礎の航空教育を終えた飛行学生、予備学生、練習生の戦闘機乗りの後期教育の学校です。そのあと高松宮は神戸に戻り、大阪と滋賀県の行事に参加して、二十日に帰京します。そしてその日に高松宮の勤務は横須賀海軍航空隊から軍令部第一部第一課に移ることになります。

山本長官と高松宮が顔を合わせることができた唯一の機会は、十一月十五日に海軍兵学校の卒業式が終ったあとの午後のいっときだけだったのです。

山本長官はその日の昼過ぎは長門の長官室にいたはずです。柱島水道の泊地から呉軍港まで、小艦であれば江田島と倉橋島のあいだの早瀬ノ瀬戸を抜けることができますから、十五哩ほどです。一時間以内に着きます。呉市内にある海軍関連施設で、山本は高松宮ともうひとりの海軍軍人と顔を合わせたのでしょう。

そうです。山本長官と高松宮との会談には、もうひとり出席者がいました。保科善四郎兵備局長です。

私は書きつづけている「昭和二十年」のなかで、山本長官は十四日に副官に東京へ電報を打つように命じ、保科局長に十五日の午後までに柱島の長門まで来るようにと告げたのだと記しました。これは間違いでした。保科のその箇所の記述にはフィクションがあると注意していながら、騙されたのです。「山本司令長官と私」のその部分を写します。（昭和十五年に）「私は『山本長官の原案通りにやらせて下さい』と固執したので、山本長官は再び及川海軍大臣に折衝して下さったが、十一月十五日をもって海軍少将に昇任、新設の兵備局長に補せられることになった。それから一ヵ年後、私は瀬戸内海警泊中の旗艦大和（長門が正しい。大和はまだ竣工せず──引用者）に山本長官をお訪ねした。その時、長官は兵站*がいかに重要かを力説され、艦隊の作戦に協力をたのむと再三にわたって要望された」

山本は十一月十七日の朝には佐伯湾に向います。十六日の午前中には寺内司令官といわゆる岩国協定を結ぶことになっていましたから、その日の午後に保科と会ったのだと私は思っていました。そうではなかったのです。保科が回想する「それから一カ年後」の叙述には、ある感慨が込められていたのだといま気づきます。まさに正確に一年あとの十一月十五日を指していたのです。

山本は日米戦争を回避するためのかれの二人の協力者、高松宮と保科に自分の計画を明らかにして、二人が東京に戻ってやらねばならないことを指示したのです。そして山本は最後にこの二人に向って、この計画の必須の一部だと説き、このすべてを永野総長に伝えると語ったことは間違いのないところだったと思います。

十一月下旬、何回目かの木枯らしが東京の町に吹き荒れています。

二カ月前とは人びとの気持ちはまったく違います。東京に住む長岡中学の卒業生たちが学士会館で山本長官の講演を聞いたことは前に記述しましたし、日本を取り巻く情勢にたいするかれらの敏感な関心についても記しました。それは九月半ばのことでした。かれらの胸のうちには、対ソ戦がはじまるのだという七月から八月のあいだにあった重苦しい不安は消えていました。日米間の外交交渉は近衛首相とルーズベルト大統領との会談で、どちらかが折れ、恐らく日本側が大きく譲歩するのだろうが、なんとかまとまるとだれもが思っていました。ところが、九月は終わってしまいました。そして政変をあいだに挟んだ慌ただしい十月も終わりました。だれもが三カ月前の七月の気の重い毎日に再び戻っていました。初夏には戦う相手国はソ連だったのが、この冬にはアメリカです。「成否一に米の態度」「華府の空気悲観的」「米、会談に誠意なし」と新聞第一面の見出しが毎日つづき、外交交渉決裂の危機が明日に差し迫っているのだと人びとは胸を締めつけられる思いとなっています。侍従の入江相政は日記

＊　保科善四郎「大東亜戦争秘史　失われた和平工作」原書房　昭和五〇年　五八頁

に自分の暗い予感をつぎのように綴りました。

「夕方役所から帰りがけに、初冬の風が吹いている市ケ谷あたりを通ると、何か亡び行く国の跫音が聞こえる。方々で左翼の検挙があったことを聞く。家の前の坂を昇りつつ空を見ると、飛行機が二台夕空を行く。探照灯が盛にこれを追っている。口惜しい話だが、予はこれを帝国の挽歌と聞いた。勝ったら大変なものだが、アメリカが参ったという筈はない。もし日本が負けたら、日清戦争の前に戻らなければならない」*

入江は事務室の黒板に書き並べられた政府と軍首脳の参内予定が尋常の数ではないと気づき、十二月一日に宣戦を布告するのだと想像しました。実際には十一月二十七日に開かれた大本営・政府連絡会議で正式に決めたのは、十二月一日に開戦決定を承認する御前会議を開くことでした。

さて、高松宮は保科とすべてを決めました。十一月三十日の午前十時に参内するとの予約を侍従職の庶務課長から取り付けました。海軍大臣とは十二時半、内大臣とは午後一時半に高輪の邸で面談するとの約束も決めました。

山本五十六、保科善四郎、高松宮にとって、いや、日本にとって、十一月三十日は最初で、最後、死中に生を求める決定的な日となります。天皇は十一月五日に定めた「国策実施要領」を白紙に戻すようにと政府と軍の首脳に指示することになります。なによりもさきにハワイ水域に向っている機動部隊に直ちに引き返すようにと命じます。そうです。二週間と少し前の十一月十三日、岩国航空隊での作戦打合せの最終会議で、山本五十六が麾下各艦隊司令長官に向って、「引き返せ」の電報が届くことがあるのを覚えておけと念を押したことが、いま起きるのです。軍令部と参謀本部の指揮系統と通信網は、開戦へと向っている陸海軍のすべての行動をしっかり止め、引き下がらせることができます。

＊監修　入江為年「入江相政日記　第一巻」朝日新聞社　平成二年　二八〇頁

第七章　その日、十一月三十日

高松宮と天皇

十一月三十日です。新聞の朝刊の第一面に東条英機首相の演説が載っています。この日、興亜同盟の国民大会が各地でおこなわれることになっていて、そこで読み上げられる予定の東条総裁の挨拶が、「英米の野望を排除　共栄の大経綸達成へ」と四段抜きの見出しのあとにつづいています。だれも読もうとはしない、中身はなにもない演説です。昭和十六年のはじめに民間の右翼系の団体を統合し、大政翼賛会の下部組織としたのが興亜同盟です。

ところが、東条首相のその演説のさわりの部分が英語に翻訳されて、ワシントンに届き、「米英をアジアから駆逐せよ」と日本の首相がいまこのときに演説したという大ニュースになって、ホワイトハウスと国務省が大騒ぎになろうとしています。電話でそれを知らされたルーズベルト大統領は十二月二日の火曜日までの予定のジョージア州ウォーム・スプリングスの静養を打ち切り、ワシントンに戻ることになります。それをもちろん、日本では明日に開かれる御前会議で開戦を決めることになります。それを阻止しようとするのが高松宮です。

午前九時半過ぎ、高松宮は高輪の邸を出ます。お天気ですが、昨日につづいて今日も木枯らしが吹き荒れ、広い車寄せを落ち葉が舞い、吐く息は白く、格別の冷え込みです。午前九時五十七分に明治宮殿の北車寄せの玄関前に着きました。海軍侍従武官の城《じょう》英一郎が出迎えます。城はこの日曜日、出勤です。航空出身、一カ月前に大佐になったばかりでした。

付け加えておきます。城は昭和十九年に空母、千代田の艦長になります。その年十月下旬に千代田とほかの三隻の空母は搭載する戦闘機がないにもかかわらず、出撃しました。敵艦隊をレイテ湾からおびきだそうとする囮となる行動でした。四隻ともその任務を果たして戦没しました。城は四十五歳でした。

長く、暗い、冷えきった廊下は、左に折れ、また小さく右に曲がり、途中に上がり下がりの階段がいくつもあって、いちばん南の端の石垣の上にある御学問所とも呼ばれている表御座所まで通じます。明治宮殿内、ただひとつの高楼です。高松宮は御学問所の二階に上がります。高松宮が「お二階」と呼んでいる天皇の御座所です。御学問所は和風の建物で、前は畳敷きだったのが、床を張り、絨毯敷きとなっています。

挨拶のあと、高松宮は最初に前日の重臣会議の模様を天皇に尋ねました。ワシントンにおける外交交渉はもはやまったく見込みがないのかどうか、天皇の観方を尋ねたのでしょう。明日の御前会議、そのあとの予定についても尋ねたのでしょう。秩父宮に報告するためです。そうした話がどのくらいかつづいて、高松宮が申し上げたいことがあると姿勢を正したのでしょう。

そこで高松宮と天皇との会話は、天皇が語ったことは第一章で、高松宮が語ったことは第五章で記しました。もう一度掲げます。

木戸幸一の日記、「海軍は手一杯で、出来るなれば日米の戦争は避けたい様な気持だ」

小林躋造の覚書、「今艦隊進発の御裁可ある事は非常に危険です。実は軍令部の計算に大きな錯誤のある事を発見しました」

加瀬英明の記録、「海軍は開戦となったら、二年以上は戦う自信がない」

たしかに高松宮は天皇にそのように語ったのでしょう。天皇の表情が不快の色を深め、怒りが顔に浮かんできたにもかかわらず、高松宮はどのくらい喋ったのでしょうか。前に引用しましたが、加瀬英明が「高松宮かく語りき」のなかで「兄弟は五分間ほど、*話した」と記しているのは、正確ではありません。実際には四十分ほどだったのです。

その四十分の話し合いのなかで、天皇が高松宮と相対していることに、我慢できなくなったのはいつごろからでしょう。明日には開戦を決めてしまわなければならないのだとそれを思い浮かべるごとに息苦しくなる思いでいたときに、高松宮は途方もない、恐ろしいことを言いだしたのです。

天皇は大声になり、なにをいい加減な出鱈目をお前は喋るのだ、軍令部の新参の課員がなにを言うのだ、お前は軍令部に行って何日になる、お前の上には第一課長がいる、お前は課長の許しを得て、こんなことを奏上しにきたのか、第一部長は承知しているのかという激しい詰問になったにちがいありません。

いいや、高松宮は八月五日の不快な経験があり、九月九日の失敗に終った体験もありましたから、天皇がいらだつことになれば、自分も躍気となり、兄弟がともに興奮状態になってしまうような事態になるより前に、参内の真の目的、もっとも大事な切願を高松宮は語ろうとしたにちがいありません。

ここで弁解しなければなりません。

じつは私は書きつづけている「昭和二十年」のなかで、高松宮が保科善四郎から「依頼」されて、天皇に戦争をしてはなりませぬと説いたというのは事実の半分であって、保科善四郎を通じて山本五十六が高松宮に「依頼」したのが真実であろうと叙述しました。小林躋造、原田熊雄、近衛文麿は当然、そう思ったはずですし、だれもがそう考えたにちがいないと、これは第五章で記しました。

そして私はこの前の章で、横須賀海軍航空隊の基地で山本五十六が平田昇にまずはある用件を告げ、平田が高松宮にそれを伝え、これはまったく私の推測だと書いたの

＊編者　野村実「侍従武官　城英一郎日記」山川出版社　昭和五七年　一一六頁

ですが、呉で山本が高松宮に自分の願いを正式に依頼し、これも想像ですが、高松宮邸で高松宮と保科がその問題について協議したのだと記しました。これらの人の繋がりはすべて、山本が高松宮を通じて天皇に「聖断」を依頼しようとすることにあったのだと私は思っていました。

やっといまになって気づきました。違っていました。山本五十六、平田昇、保科善四郎、高松宮がやろうとした計画は違っていたのです。

このあとで記さねばなりませんが、高松宮の参内のあとに木戸が参内し、その問題は伏せておいたほうがよいと思いますと天皇に進言し、天皇が同意し、のちに高松宮も天皇の名誉を守ろうとして、その事実を口にしなかったがために、私たちはなにも気づかないできたのです。

高松宮が生きているあいだ、ずっと隠しとおしたのは、いや、山本、平田、保科を含め、その事実を知っていたすべての人びとが生涯、口にしなかったのは、十一月三十日の高松宮の参内の真の目的です。山本長官が戦争に反対だと主張しておりますと天皇に伝える、そんな迫力に欠けた、間の抜けたことを言うのが高松宮の目的ではなかったのです。

真の目的は、山本連合艦隊司令長官をいまただちにお召しください、山本長官はそれをひたすら願い、現在、私からの返事を待っております、後刻、長官から直接、アメリカと戦争をしてはならないという理由をお聞きくださいと天皇に説くことだったのです。

親任式で叙任された、親任官である山本長官を参内させることに、宮廷の側に難点はありません。そして前に記したとおり、山本は自分が天皇に拝謁し、「聖断」を仰ぐ計画を軍令部総長に前もって伝え、独断専行の誹《そし》りを受けないための手筈を間違いなく整えていたにちがいありません。

高松宮は天皇に向って、きっぱりとした言葉で、そう主張したのでしょう。

天皇は眩暈がするほど驚いたのでしょう。明日の十二月一日のこと、そのあとの予定を考えるたびに天皇は神経がくたくたになる思いであり、胸苦しくもなっていたはずです。海軍が持つ全空母を中心とする決戦部隊が択捉《エトロフ》島の単冠《ヒトカップ》湾を出港したのは十一月二十六日の朝でした。荒波と濃霧の北太平洋を東進し、今日、十一月三十日には、ハワイ近海までの航程の半分近くに達しています。ところが、それを直接に命令した連合艦隊司令長官がすべての艦船を引き返させねばならないと主張しているのだと言うのです。

明日の午後二時には、この渡り廊下のさきの東一の間で御前会議を開き、首相、軍令部総長、各大臣の説明があり、枢密院議長の原嘉道と大臣たちのあいだで質疑応答があって、開戦は決まります。そのすぐあと陸海軍統帥部総長に作戦実施の大命をくだします。ハワイに向っている機動部隊に、マレー半島に上陸するために海南島の三亜に集結している陸軍部隊、そしてすべての艦隊と部隊に開戦決定を通知します。そして連合艦隊司令長官を宮中に呼び、勅語を下賜する予定となっています。ところが、その連合艦隊司令長官ができるだけ早く参内したいと言い、戦争に反対を説くのだと言うのです。

いまこのときにどうしてそんな無茶なことを言いだすのだと天皇は恐怖に包まれた悪夢のなかにいる思いとなったのでしょう。軍令部総長をさしおいて、そんな話を聞くために、連合艦隊司令長官の参内を許すわけにいかないと言い、その言葉を繰り返すこととなったにちがいありません。

それから三十四年のちに加瀬英明がつぎのように記したのは、高松宮がそのときの論判を思い浮かべての言葉だったのです。「陛下は、とても筋を大切にされるからね。筋違いのことを嫌われる。所管の大臣や軍の責任者が申し上げるべきことだからね」

さらにそれから十二年のちに加瀬俊一が「これは高松宮殿下の直話なのだが、『陛下は頑固だからね』と苦笑された時の表情を忘れ得ない」と叙述したのも、そのときの緊迫した激論を語っていたのです。

高松宮はなおも山本長官こそ真の海軍代表です、明日には決めてしまう開戦がどのような悲劇となって終るか、はっきり説明できるのは山本長官ですと言いつづけたのでしょう。だが、天皇は駄目だと言いつづけたのです。

なぜだったのでしょう。なによりも重大な事実があったのではないかと思います。第三次近衛内閣の末期の十月半ばから、山本五十六がアメリカとの戦争を回避したいと願い、「聖断」を求めているというまことに深刻な情報が天皇の耳に届いていなかったのではないかという疑いです。暗示すら受けることがないまま、突然に高松宮から連合艦隊司令長官がこの戦争をしてはならないと願い、参内を望んでいると言われて、天皇は大きな衝撃を受け、制御できない恐怖と不安に落ち込み、高松宮の願いを受け入れることができなかったのでしょう。

こうして天皇と高松宮は押し問答をつづけ、喧嘩別れの状態となったのでしょう。高松宮は荒々しくドアを開け、外へ出ることになったのでしょう。高松宮がしまったと思い、取り返しのつかない失敗をしてしまった、床に座り込んでも、お上の足にとりすがってでも、訴えなければいけなかったのだと臍を嚙んだのは、あとを追ってきた城英一郎の不安な表情を見たときだったのかもしれません。

高松宮の車は海軍省の構内に着きました。太陽は赤煉瓦の建物の上にありますが、雲がひろがってきました。相変わらず北風が吹きつづけています。午前十一時少し前です。高松宮は赤煉瓦の二階にある海軍省の兵備局長室で保科善四郎に会ったのでしょう。保科は高松宮の顔を見た瞬間、駄目だったのだと思ったにちがいありません。

高松宮は天皇との議論のおおよそを伝えたのでしょう。保科は永野総長に電話を掛け、山本長官の参内はかなわなかったと伝えたのでしょう。

そしてもっとも気乗りのしない山本長官に宛てての報告の文章をつくることになったのでしょう。緊急親展電報です。柱島の長門の旗艦用の浮標には東京とのあいだの有線電話が通じているのですが、長門は最後の艦隊訓練のためにその朝、豊後水道へ向ったことを保科は知っていたはずです。保科と高松宮がこの十日間、ずっと願いつづけ、夜、床に就いても口にした一字一句、頭にあった台詞、その電文を送ることができれば、山本長官はそれを読み終え、ただちに内火艇で大分港に上陸し、大分海軍航空隊から横須賀まで飛んでくることになっていたはずでした。

保科は重い気持ちで文章をまとめ、それを高松宮に示したのでしょう。高松宮はうなずき、午前十一時四十分過ぎ、海軍省をあとにしました。まったく気がすすみませんが、嶋田海軍大臣に会い、そのあと木戸内大臣に会わなければなりません。

木戸幸一と天皇

高松宮にたいして怒りを爆発させてしまい、天皇は大きな後悔、そしてさらに大きな不安のなかにあったのでしょう。ただひとりの相談相手、助言者に来るように言わねばなりません。天皇は侍従を呼び、木戸に電話し、午後二時半に参内するように伝えよと命じたのでしょう。天皇は今日、日曜日の午後一時半に高松宮邸を訪ねるという木戸の予定を聞いていなかったにちがいありません。それを知っていたのなら、天皇はいまただちに木戸を参内させよと侍従に指示したはずでした。

前にも言いましたように、天皇は政府、軍の首脳と同じように、明日は開戦を決めなければならないのだと思うたびに、大きく息をつかねばならなくなっていましたから、藪から棒、いきなりの一撃を受け、口は渇き、筋肉は硬直したようになっていたにちがいありません。ところが、この日、日曜日の昼にはささやかな行事が予定されていました。

二日前に満六歳の誕生日を迎えた義宮《よしのみや》とほかの三人の内親王と昼食をともにすることになっていました。天皇一家は子供を手元で育てることをしない宮廷の伝統に従ってきましたから、この日曜日の午餐と午後のいっときの団欒を前々から心待ちにしていたのです。昭和八年生まれ、学習院初等科二年生の継宮《つぐのみや》は風邪をひいていて、出席できませんでした。義宮は現在の常陸宮、継宮は現天皇です。

天皇は四人の子供たちから話を聞き、トランプ遊びをしながらも、山本長官を呼ぶことはできないと高松宮に言ってしまったのは間違ってなかったか、山本長官にただちに参内するように伝えよと言うべきではなかったかと繰り返し考え、胸苦しさがつづいたことでしょう。そして、戦いのさきのことはそのときになって考えればよいと陸軍、海軍の首脳が説いてきた問題を高松宮が取り上げ、戦いをはじめて二年さき、三年さきには大変な事態になると語ったことをも、天皇は繰り返し思い浮かべ、大きく息をつきはしたものの、二時間がたち、三時間がたって、落着きを取り戻していたにちがいありません。

三時半、やっと四人の子は帰りました。天皇は御学問所に行き、侍従に執務室に来ている内大臣を呼ぶようにと命じます。

天皇は午前中に起こったこと、高松宮が説いたことを木戸に語りました。今度は木戸がびっくりする番です。

木戸の最初の驚きは天皇とは違ったはずです。やっぱりやったか、とうとう山本長官はやったかと木戸は息がとまる思いだったはずです。天皇は山本五十六が「聖断」を望んでいたことを知らなかったのではないかと前に記しました。それを知っていたのは木戸です。

アメリカとの戦いとなれば、最高の責任を負う海軍提督が戦争の回避を望み、「聖断」を求めているという、およそ重大な願いを木戸は天皇の耳に入れていなかったのだと私は思っています。

十一月三十日午後三時半のことに戻れば、木戸は天皇の話にうなずきながら、急いで考えをまとめようとしたにちがいありません。二時間前、三笠宮も同席して、御殿場の秩父宮に明日の御前会議で決まる開戦決定を知らせるためだと言って、高松宮は私の説明を聞いた。ところが、高松宮は午前中のその大層な出来事を私に一言も洩らさなかった。数時間あとには、お上が私にすべてを話すとわかっていながら、高松宮は私になにも言わなかったのだ。

木戸はただちにわかったのでしょう。前から承知していたことだが、高松宮は私を陸軍寄りの主戦派だと見てきたのだ。そこで私に向って、このあと参内して、お上を説得し、山本長官を是非お召しくださいと申し上げてくれと頼もうとしなかった。それどころか、素知らぬ顔でいたのだ。

木戸のそのような確認が怒りに変わったときには、かれの胸中にいっぱいにひろがっていた迷いと沸きたった恐怖は薄れることになったにちがいありません。かれはこの直訴の計画に高松宮と山本長官、ほかにだれが加わっているのだろうという思案に移ることになったのでしょう。嶋田大臣と永野総長はなにも知らないのだろうか、それともこの直訴に参画していたのだろうかと考えたのでしょう。木戸にただちにわかったのは、嶋田と永野が山本の直訴の計画を前もって知っていたとしても、このあと決してそれを口にしないということでした。

そこで木戸は天皇への助言をまとめたのでしょう。山本長官、高松宮の訴えを奇麗さっぱり葬り、天皇の不安を拭い去ることにします。その日の夜に木戸は日記につぎのように綴りました。前に記しましたが、重ねて引用します。

「依って、今度の御決意は一度御聖断被遊《あそばされ》るれば後へは引けぬ重大なるものであります故、少しでも御不安があれば充分念には念を入れて御納得の行く様に被遊《あそばされ》ねばいけないと存じます、就ては直に海軍大臣、軍令部総長を御召になり、海軍の直《（ママ）》の腹を御たしかめ相成度、此の事は首相にも隔意なく御話置き願い度いと存じますと奉答す」

木戸がはっきり承知していたのは、天皇の海軍大臣と軍令部総長への問いかけが、頬を震わしての詰問になろうと、椅子に腰掛けるようにとまずは勧め、笑顔をつくって尋ねることになっても、二人の回答が戦争を回避したいのが本心でございますとなるはずはないということでした。

そして木戸は天皇にもうひとつ、なによりも重要な進言をしたと思います。山本長官の名前を軽々しく口にするのは、いかがなものでしょうと言い、つぎのように説いたにちがいありません。山本長官は昭和十四年前半から英国、米国に甘いと激しく非難され、だれもがそれを記憶していますから、今回、かれの名前を口にしてしまえば、これが外へ洩れてしまうことにもなりかねず、誤解を招くことになってしまい、海軍はもちろんのこと、多くの人びとの士気に悪い影響を与えることにもなりかねません。このあと首相にも、海軍大臣にも、軍令部総長にも、山本長官の名前は絶対に口にされないことが肝要と思われます。そこで高松宮の名前もだされないことにしたらいかがでしょう。

間違いなく木戸はこのように言ったはずです。そしてかれ自身も日記を書くにあたって、山本五十六をお召しになるようにと高松宮が天皇に望んだという大変な事実を記さなかったのです。そうです。第一章に記したことですが、かれの日記の記述から浮かび上がる大きな疑問とはこれだったのです。

こうして木戸は自分が恐れていた局面となるのを完全に封じました。山本長官が参内したいと言ってきたと永野と嶋田に天皇が語ってしまって、長官をお召し下さいと二人が天皇に説くことになる可能性はないとは言えません。いや、軍令部総長が是非にと言いだすかもしれないのです。木戸はそれを押さえ止めました。

前に何回か記したように、天皇が非常に心配した一週間から十日にわたる危機は、それまでに四回ありました。昭和十一年の二月の末、昭和十二年の十二月、昭和十四年の八月下旬、そして昭和十六年の七月末から八月のはじめでした。そして、これが五回目、前の四回とは較べることもできない大きな危機、決断、国策の大転換となる一連の出来事のはじまりがこの十一月三十日となるはずでした。山本五十六が参内し、惨敗に終るのが必定の戦いを決してしてはなりませんと言上し、和平への「聖断」にはじまり、六隻の空母を中心とする機動部隊の引き上げ、ワシントンにおける日本側の新しい、抜本的な提案となるまでの、危機とその解決までの一週間とならねばいけなかったのです。だが、そうはならずに終息します。

木戸幸一は高松宮の直訴を半日で終わることになる茶番劇にしてしまったのです。天皇は木戸を呼ぶのと同時に、首相の東条英機を呼んでいました。木戸が退出したあと、東条は天皇からつぎのように尋ねられました。海軍の一部に戦いに不安があるということだがという質問です。そうしたことは聞いたことはございませんと東条は答えました。

嶋田繁太郎、永野修身

そこで海軍の二人の最高責任者のことになります。侍従武官、城英一郎からの電話で、参内するようにとの指示を受けました。午後六時少し前、永野修身、嶋田繁太郎はそれぞれ官邸を出ました。中天の雲の大きな切れ目のあいだに、かなり丸くなった白い月が見えます。朝からの木枯らしは収まりました。

ところで、私は以前に「昭和二十年」のなかで、永野修身は明日の御前会議を控えて、日曜日のこの突然のお召しはなにごとだろうと思案し、山本長官がこの最後の瀬戸際に、戦争回避の願いを行動に移し、天皇の「聖断」を求めたのだ、そこで改めて、大臣、総長の考えをきこうとしてのお召しだと想像したのではないかと書きました。秒読みとなったこの段階で、ポーカーの勝負カンを自慢にするあの男は勝負にでたのだ、それが成功したのだと永野は思ったのではないかと記したのですが、この叙述は間違っていました。軍令部総長の永野は連合艦隊司令長官の山本の計画をはじめから知っていたのでしょう。それが失敗に終ったことも、すでにかれは承知していたであろうことは、前に記述したとおりです。

午後六時十三分、海軍大臣と軍令部総長は御学問所で並列して拝謁しました。天皇と大臣、総長の問答は多くの歴史書にでていますから、読者の記憶にあるでしょう。天皇は二人に椅子を勧め、「いよいよ時機は切迫して矢は弓を離れんとしておるが、一旦矢が離れると長期の戦争となるのだが、予定通りやるかね」と問いました。

ところで、天皇が「予定通りやるかね」と言ったあと、じつは山本五十六大将が参内したいと言ってきている、戦うのをやめたいと言ってきているのだと語ったら、どういう展開になり、永野修身はどのように答えたでしょう。

天皇はそうは言わなかったのです。永野は「いずれ明日委細奏上すべきも、大命降下あらば予定通りに進撃いたします」とごくごく短く語り、つぎのように言いました。

「わが機動部隊は単冠湾を出撃し、真珠湾の西方千八百マイルに迫っております」

天皇は嶋田のほうに顔を向けました。「大臣としてもすべてよいかね」

嶋田は車中、来春になればルソン島に三百機のB17が増強されてしまう、それより前に戦いをはじめねばならないのだと思うように努めてきた愚昧としか言いようのない自己欺瞞からやっと解放されることになるのだと思ったのではないかと「昭和二十年」に記しました。事実、そう思っていたのかもしれません。かれは天皇の言葉を聞いて、急いで、考え直したのでしょう。山本五十六ではない、かれではないのだ。今日の昼間、だれかほかの人間が天皇に向って、ハワイ作戦の決行は危険に過ぎる、海が荒れ、燃料の補給ができないかもしれない、二週間に近い隠密航行が露顕するかもしれない、成功の確実性は薄い、絶対にしてはなりません、いま引き返すのが賢明ですと説き、天皇は不安に思い、そこで自分たちを呼んだのだ。このように嶋田は考えを変えたのでしょう。ハワイ空襲前に敵に発見され、攻撃は無残な失敗に終るのではないかというのは、嶋田がずっと持ちつづけていた心配でしたから、かれは天皇が抱いていると思う自分と同じ不安を取り除こうと懸命になります。

「物も人も共に十分の準備を整えて、大命降下をお待ちしております。先日上京した山本連合艦隊司令長官の話によりますと、訓練もできあがり、将兵の士気旺盛、自信あり、ハワイ作戦には張り切っていると申しておりました」

「今度の戦争は、石にかじりついても勝たねばならぬと考えております」

「ドイツが戦争をやめたらどうなるか」

「ドイツをあまり頼りにしておりません。ドイツが手を引いても、どうにかやってゆけると思います」

嶋田と永野が退出したのが六時三十五分でした。すぐ木戸が呼ばれました。木戸の日記のその部分も前に掲げました。もう一度記します。

「六時三十五分、御召により拝謁、海軍大臣、総長に先程の件を尋ねたるに、何れも相当の確信を以て奉答せる故、予定の通り進む様首相に伝えよとの御下命あり。直に右の趣を首相に電話を以て伝達す」

高松宮と秩父宮

高松宮はどうしていたのでしょう。山本五十六が参内すると決まったのであれば、いよいよ波瀾万丈の日の幕開けです。高松宮は嶋田繁太郎、そして木戸幸一に向って、百八十度の国策の転換となります、協力をお願いしますと語り、御殿場に戻る予定の秩父宮妃に向っては、私は御殿場に行けなくなりましたと謝り、今夜、電話でお兄さまに報告しますと告げることになったにちがいありません。

すべては水泡に帰しました。午後三時、秩父宮妃と高松宮、高松宮妃は車で御殿場へ向うことになりました。車中の高松宮は午前中のことを振り返り、大事という言葉では済まない大事な任務を果たすことができなかったのだとみずからを責めさいなみ、取り返しのつかない失敗をしてしまったと息苦しくさえなりました。お上を怒らせることなく、冷静な気持ちで聞いていただくための論理的な話もできなければ、機転もきかなかったのだ、踏みとどまって話をつづける勇気もなかったのだと振り返ることになれば、高松宮は烈しい憤りを自分に向けることになり、脈が乱れるという気配を察しもしたのです。

すでに高松宮妃は夫の計画が失敗に終り、すべての希望はついえ去ったことを知っていたのでしょう。いよいよ戦争になるのだとはわかってはいますが、とても実感が湧きません。秩父宮妃はなにもまだ知りませんでしたが、高松宮の顔色がひどく悪く、苦しそうなのを懸念したにちがいありません。

高松宮は心臓神経症に悩まされていました。直宮である高松宮の毎日は一般の人が想像するような気楽な日々では決してありません。外からはうかがいしれない、いろいろなストレスが溜まります。つねに気配りをして、人の話を聞かなければならず、それでいて皇族らしい振る舞いを忘れてはならず、いつも人びとの視線のなかにあることに耐え、自分の発言に注意を払い、気の休まることがありません。そんなことから心臓神経症の気味があり、ときどき起きる不整脈に悩まされました。早めに脈が起き、つぎの脈が起こらないといった具合にリズムが狂います。

強心剤のジギタリスは常備薬でした。また高松宮はその年の夏から神経性の下痢にも悩まされていました。直接の効用はなかったのですが、B_1剤のオリザビトンを飲むようにしていました。御殿場に着いてオリザビトンを二錠飲み、ジギタリスも飲むことになりました。

体の具合が少し楽になった高松宮は秩父宮に向って、今月十三日から今日の午前中までの出来事を一気に語り、山本五十六長官の参内がお上に拒否され、戦争回避の望みは断たれたのだと言ったのでしょう。話し終えて、高松宮は秩父宮が九月にお上の御相談相手になっていたらと悔やんだにちがいありません。秩父宮は、三年前、昭和十三年に支那事変を解決しなければいけなかったのだと嘆いたことでしょう。

高松宮は最後にこう語ったのではないかと思います。「陛下の……筋を通すと云う潔癖は長所でいらっしゃるが、組織がその本当の作用をしなくなったときは、どうにもならぬ短所となってしまう」*

組織はその本当の作用をしなくなっていました。軍令部総長は戦争をするのは狂気の沙汰と承知しながら、戦争をするのだと主張せざるをえなくなっています。海軍大臣は真意を明かしたことはありませんが、生死を懸ける戦いになってしまうとわかっ

＊ 高松宮宣仁親王「高松宮日記　第七巻」中央公論社　平成九年　五一四頁

ていながら、開戦するのだと説かざるをえなくなっています。軍令部総長と海軍大臣、統帥権と軍政権を持った二人はまさに「その本当の作用をしなくなっている」のです。そして海軍首脳たちがなぜ戦争を避けたいとその本心を口にだすことができないか、一般国民はなにも知らなくても、昭和十四年前半に内務大臣を勤め、昭和十五年からは内大臣をつづけてきた木戸にわからないはずはありませんでした。ところが、かれは「協調」「協力」を説き、陸軍の主戦論を海軍に受け入れさせようと努めました。軍令部、海軍省の「組織」だけでなく、なによりも、「常侍輔弼」の責任を持った内大臣府が「その本当の作用をしなくなって」いたのです。

ところで、「作用をしなくなっている」と高松宮が語り、それを日記に記述したのは、昭和十六年十一月三十日の夜のことではなかったのです。そのように記したのは、それから二年半あとの昭和十九年七月のはじめのことでした。語った相手は秩父宮ではなく、内大臣、宮内大臣、侍従長の三人でした。内大臣が木戸幸一であったのは言うまでもありません。高松宮がそのように説いたのはどのようなときだったのでしょう。

マリアナ沖の機動部隊の航空攻撃が惨敗を喫し、マリアナ諸島がすべて敵の手に奪われるのは必定という事態となり、最後の僥倖を願っていた海軍の幹部たちも完全に諦めたときでした。高松宮は昭和十六年十二月八日から「戦況記録」をずっと日記に記してきていたのですが、事実上、日本海軍の最後の決戦となってしまった昭和十九年六月十九日の海戦から五日あとの六月二十四日、「戦況記録ヲ止メル」と日記帳に大書することになったのでした。

首相と陸軍大臣、参謀総長を兼任する東条の軍・政治体制を高松宮は批判し、東条内閣を退陣させねばならないと天皇に説きました。この戦争をどのように終結するかを考えなければならない局面に入ったのだと思ってのことでした。内大臣の木戸は盟友である東条を一月足らずあとには見捨てることになるのですが、そのときはまだかれとの協力関係を守りつづけるつもりでいました。木戸は細川護貞を通じて、高松宮が「弱い意見をお持ちのように世間では云っているから、注意申し上げてくれ」と言いました。親切めいた忠告のようでしたが、実際には東条を退陣させようとする近衛の動きに加担している高松宮にたいする威しでした。細川からそれを聞いた高松宮が怒りました。高松宮は木戸に面と向かって、あなたは自分が犯した取り返しのつかない昭和十六年十一月三十日の過ちを後悔していないのか、罪責感を持たないのかと一度は面責したいと思っていたはずです。内大臣の地位に敬意を払い、なによりも、迂闊に口にだせない問題であったから黙っていたが、いまこそ言わねばならないと高松宮は思ったのでしょう。

それから数日あとの七月七日、高松宮が宮内大臣と侍従長にそれこそ立会人になってもらうという形をとって、「組織がその本当の作用をしなくなっている」と内大臣に痛言したのは、その昭和十九年七月はじめの状況にたいする内大臣の対応を指しての批判だけではなく、昭和十六年十一月三十日のかれの恐しいばかりの過ちにたいする痛切な批判でもあったのです。

　御殿場の夜に戻ります。カーテンを開けば、真正面の富士山の上に少し歪んだ月が落ちかかっています。

　秩父宮妃はその夜の思い出をのちにつぎのように記しました。

「ご一泊あそばしてご帰京になった両殿下は、月末に再びお訪ねくださいました。宮さまと高松宮さまは、お二人きりで長いこととお話合いになり、その日もお泊まりになりました。軍令部の幕僚として国策の内容を知ることがおできになるお立場の高松宮さまは、日英米戦の開始がすでに避けられない情勢になっていることを、宮さまにお告げになったのでした。

　私は別室で妃殿下とそのことを語り合いながら、暗澹たる思いでおりました。アメリカもイギリスも、皇太后さまよりご下賜のあのボンボニエールが象徴していますように、宮さまと私にとっては深いつながりを持つ国です。このことが宮さまのお体に障らねばよいがと、そのことも心配でした*」

山本五十六

その夜、保科善四郎も眠れなかったことでしょう。別府湾の長門艦上の山本五十六も眠ってはいませんでした。

それから四十年近くあとに大井篤が語った言葉を私はいま思いだします。大井はだれにも語ったことのない昭和十六年十一月三十日のすべてを思いだし、あの夜に山本長官はなにを考えたのだろうと想像してのことだったのでしょうか、こう言いました。

「海軍っていうものは、海軍軍人は辞表は提出できないんですよ。辞職はできない、軍人は。この戦は、俺とても勝てんから辞めさせてくれなんてやったら、軍隊成り立たない」**

十一月三十日の午後に大分から輸送機で横須賀まで行くという山本の計画はなりませんでしたが、それでも明日の十二月一日の午後には東京行きの列車に乗らねばなりません。戦争を阻止するぎりぎり最後の機会は、お召しも適わぬまま、消え去りまし

＊　秩父宮妃勢津子「銀のボンボニエール——親王の妃として」講談社　平成六年　二五五頁
＊＊　編者　戸高一成「[証言録]海軍反省会」PHP研究所　平成二十一年　三五七頁

た。十二月三日に宮中である出征前の拝謁、勅語を賜るという儀式にかれは出なければなりません。

山本五十六の日米不戦の願いは闇から闇に葬られました。すべては終りました。ここで前にはっきり述べなかったこと、仄《ほの》めかしに終ったすべてのことを書くことにしましょう。

山本五十六が天皇に避戦を訴えようとして参内したいと願ったのは、この十一月三十日、空母六隻、飛行機総数三百六十機を中心とする機動部隊が東半球から百八十度線を越えて西半球に入り、いよいよ真珠湾に近づきつつあるさなか、この土壇場を迎えたときが最初ではなかったのです。

見てきたとおり、はじまりは九月九日でした。高松宮が天皇に向って、お上が「国策遂行要領」を決める御前会議で、明治天皇の御製を詠みあげただけで終ったのは「不徹底」だった、残念だったと説きました。私はこれが山本の所願であったとみています。

その二十日あとの九月二十九日、山本は永野総長に向って、図上演習の経過を報告したあと、「かかる成算小なる戦はなすべきに非ず」と言いました。永野はうなずいたはずです。日米不戦のために山本は行動することになります。

十月の半ばにかれは動きだしました。機動部隊の空母、戦艦が佐伯湾、別府湾を出港する十一月十八日、十九日よりも一カ月前のことです。かれは参内することを願い、天皇にアメリカと戦争をしてはなりませんと説き、「国策遂行要領」から事実上、主戦条項を除去してしまおうとしたのです。

そこでやったことは、「負けると決まっている戦いをする馬鹿がいるか」と連合艦隊司令長官が語っている、お上の「聖断」によって、戦いを回避したいと望んでいるということを天皇の耳に入れようとします。かれは堀悌吉に宮廷にそれを伝えてくれと頼んだのではないでしょうか。

堀は生涯、そのようなことをしたと語ってはいません。戦争を回避しようとして活動した海軍軍人は、戦後、自分のしたことを語らないのが常例となっていることは前に述べました。

堀は国際協調主義者であったことから宮廷高官に信頼されていました。昭和九年にかれは武断派の海軍首脳によって追放されましたが、日本飛行機の社長になり、実業家となっていましたから、宮廷高官とのつきあいはなおつづいていました。しかし、米英との戦争をしてはならないと願っていた松平恒雄宮内大臣に堀が訴えても、天皇の耳に入ることはありえなかったのです。このさきで述べることになりますが、木戸幸一が内大臣になってから、政治、外交問題を天皇に助言できるのは、内大臣ひとりにしてしまっていたからです。

堀は松平康昌内大臣秘書官長に山本長官が望んでいることを語り、内大臣に伝え、お上の耳に入れて欲しいと頼むことになったのでしょう。

第三次近衛内閣退陣のあと、東条内閣と統帥部は九月六日に定めた「国策遂行要領」を廃棄して、新しい「国策遂行要領」をつくろうとして、外交交渉の期限を十一月の末までにすると決めようとしていたときでしたから、天皇が木戸から連合艦隊司令長官が戦争を避けたいと望んでいると聞いたのであれば、永野総長に説明を求めることになり、永野は山本を召されるようにと天皇に言上することになったでしょう。パネー号事件の平和解決に努力し、三国同盟の締結に徹底して反対した海軍次官、そして開戦と同時にハワイを急襲するのだと頑張りつづけている連合艦隊司令長官から、どうして対米戦争を回避しなければならないかを是非とも聞かねばならないと天皇は考えたと思います。

十一月一日のことになります。前に取り上げたことをもう一度記します。山本は嶋田大臣から緊急親展電報を受け取りました。十一月三日正午までに、目立たないようにして大臣官邸まで来いという内容です。参謀長の宇垣纏はその日の日記につぎのように記しました。「既に本日は十一月一日にして、廟議何れかに決定して然るべき日なり。餘の、『愈々《いよいよ》定まったか』の言に対し、長官は、『ハッキリ出来ぬから呼ぶのだ』と言われたり*」

私は前につぎのように山本のそのときの胸中を推察しました。かれは宮廷が和平か戦争か決断しかねていると思ったにちがいないと綴りました。ここではっきり記すなら、山本はその電報を読み、堀悌吉の工作が功を奏したとうなずいたのだと思います。天皇の念頭にずっとあった避戦の構想実現の扉が開かれたとほっとしたのでしょう。天皇のお召しがあるのだ、連合艦隊司令長官の考えを直接、言上できるのだとかれは思ったのでしょう。

まったく違っていました。前に記したとおり、一両日中に御前会議で本決まりとなる「国策遂行要領」を嶋田から見せられたのです。第二次「国策遂行要領」から主戦条項を除去しようと願った山本の計画は破綻しました。

どういうことがあったのだろうと山本は考えたのでしょう。天皇自身が連合艦隊司令長官の戦争に反対する主張を聞くことを思い止まったのでしょうか。そうであったとしても、天皇は永野総長に向って、真実を手加減していたのかと詰問することになったでしょうから、つづいて山本を呼ぼうということになったはずでした。

前に何回か記したことですが、木戸が山本の申し立てを天皇に告げなかったのでしょう。山本はどう思ったのでしょう。前に記したとおり、八月末に海軍省と軍令部が

＊　宇垣纏「戦藻録」原書房　昭和四三年　一〇頁

最初の「国策遂行要領」をつくるにあたって、対米戦の準備と決意の条項を削り、アメリカとの和解にすべてを懸けることにしようとして、内大臣に支持を求めたのにたいし、木戸はまったく協力しようとせず、関知しないという態度をとりました。山本は木戸が同じことをまたもやったなと怒ったのでしょう。

なぜ内大臣はそのような妨害をするのか、なぜかれはアメリカとの戦いを避けようとしないのかを詮議する余裕もなく、山本はただちにつぎの方法を採ることにします。木戸が妨害できない、かれが邪魔することのできない人物、高松宮に参内してもらう、宮からお上に山本長官を召すようにと言上してもらう計画をたてました。戦争の準備の合間にかれがやったいくつもの手だては前に述べました。そして十一月三十日、かれの二度目、そして最後の試みもこれまた失敗に終りました。

もし、木戸幸一が自分はとんでもない恐ろしい過ちを犯していたのだと気づくときが十一月上旬から中旬にあって、山本がお上に申し上げて欲しいと述べた事柄を天皇にはっきり伝えていたら、もちろん、日本の運命の歯車の回転は変わったことでしょう。十二月八日の開戦とはならなかったのです。

十一月三十日に戻ります。豊後水道での主力部隊の最後の訓練は夜中つづけられ、夜間の副砲の射撃、見張り照射*、駆逐隊の襲撃教練がおこなわれ、だれもが一時間程度の仮眠をとっただけでした。午前三時近く、艦橋に立った山本は頬を刺す冷たい潮風を受けながら、由布岳、鶴見岳の方向にいま沈もうとしている月齢十一の月を見ることになったのかもしれません。

高松宮はまた日記をつけるようになります。昭和十六年十二月一日から書きはじめます。

「十一月三十日、お姉様と同車して御殿場へ、一八二〇着。車中より胸心地悪く、一寸ハイテ見たら久し振りで乱脈になり、ヂギタリス錠一ツもらってのむ。それで夕食もチョットで止めた。

夜中二度下痢して、朝は『トースト』で我慢す。
○八三五発、皈京、皈邸してすぐ寝込む。ヘンテコにつかれて、午後ウツウツして休む。三十七度九分」

＊ 宇垣纏「戦藻録」原書房　昭和四三年　二一二頁

第八章　なぜ、木戸幸一は戦争を選んだか

「大東亜戦争はギャンブルでも何でもない」と説いて

とうとう木戸幸一について書かねばならない第八章になりました。第二章から前の章まで、永野修身、高松宮、近衛文麿、山本五十六がやろうとしてできなかったことを記しました。アメリカとの戦争を回避しようとする願い、その試みを木戸はすべて潰しました。「国策遂行要領」から対米戦争の準備、決意を取り除こうとする永野修身の望みを、内大臣の木戸は素知らぬ顔で通しました。対米外交交渉の基本方針の画定に秩父宮を参画させようとした高松宮の願いを、木戸は巧みに葬りました。陸軍大臣と中国撤兵の是非をめぐって総辞職した近衛文麿を、木戸は再度、首相に選ぼうとは露ほども考えませんでした。最後に山本五十六の参内したいという切願を木戸は容赦なく阻止し、平和を選ぶことができたであろう最後の機会を踏みにじりました。

いったい、木戸幸一はどういうことを考えて、戦争を選んだのでしょう。

それを語る前に木戸幸一の説明をしましょう。昭和十年から昭和二十年まで、数限りなく若者を殺し、血なまぐさく、破壊的な、それでも夢もあった十年、そしてその最後は、日本ははたして立ち直ることができるのだろうかとだれもが救いのない気持ちとなり、焼け野原のなかの絶望の日々となるまでの十年余、もっとも大きな役割を果たした人物をひとり選べといったら、五秒の猶予も必要としません。木戸幸一です。ほかのだれでもありません。

木戸は明治二十二年の生まれ、昭和十六年に五十二歳でした。ついでに記すなら近衛文麿はそのとき五十歳、山本五十六の年齢は最初に記しました。五十七歳でした。軍人は中将になるのが五十歳を越えてですから、日本でも、アメリカでも、軍の最高幹部は政治家より年長なのが普通です。

木戸の祖父はだれもが知るとおり、木戸孝允です。孝允は幸一の父方の祖母の兄にあたります。孝允の妹の夫、来原良蔵が藩の政策転換に憤激し、自尽したのが文久二年のことでした。幸一の父の孝正はそのとき五歳でした。孝允に後継ぎがなかったことから、孝正に木戸家を継がせたのです。

孝允は背が高く、たとえば渋沢栄一が「ごようすのよい方」と語り、幕末から明治はじめに日本に駐在していたヨーロッパの外交官のだれもが好男子と見ました。そしてかれらは孝允のさきを読む力とその政治能力を高く評価したのでした。

孝允と違って、孫の幸一は背は低かったのです。山本五十六は背が高くなく、百六十糎《センチ》だったと最初に記しましたが、木戸は百五十糎でした。百八十糎の長身の近衛文麿と並ぶと肩までしかありませんでした。

背が高い、低いの話はともかく、孝允と幸一の二人が日本の政治指導部の中枢にまで昇る階段の最初の一段がまさに対蹠的でした。孝允は明治十年五月、西南戦争のさなかに四十三歳で没し、明治四（一八七一）年の廃藩置県がかれの最後の仕事となるのですが、それより九年前、文久二（一八六二）年の坂下門外の変、幕閣中枢の人物、老中の安藤信正を襲撃したテロ集団の首謀者であったことが、かれが昇る階段の最初の第一段だったのです。

それから七十数年あと、昭和十一年二月の大規模な叛乱事件、そのテロ集団の首謀者たちの計画を挫く方針を立てたたったひとりの人物が孝允の孫の幸一でした。かれの決断が天皇の態度決定となり、かれが政治中枢に昇る階段の最初の一段となりました。かれはそのとき内大臣秘書官長でした。

説明しましょう。かれは商工省を部長で辞めました。なんといっても侯爵家の嫡男であり、九百家の華族のなかで、近衛と並んで、明日の華族の代表となる存在と期待されていたことから、いつまでも一般官庁に留まって、同僚たちの昇進の邪魔をしてはいけないとかれ自身思ってのことだったのでしょう。昭和五年に宮廷入りをしたのです。

昭和十一年の叛乱事件に戻りますが、木戸が内大臣秘書官長の地位にいなかったら、暫定政府の設立を許さないという決定にはならなかったでしょうから、日本がそのあとどのような歩みをつづけることになったかは、慶応三年にかれの祖父と大久保利通の二人が暗殺されてしまったら、そのあとの日本がどうなったかの見当がつかないように、私には想像できません。

さて、危機に際しての木戸の判断を天皇が買ったからこそ、前に記した通り、一大危機に包まれた昭和十四年八月末、天皇はそのとき内務大臣だったかれの力を借りようとしたのです。その一年あと、木戸を内大臣に推したのは西園寺公望ですが、かれの秘書、原田熊雄がお上が一番頼りにしているのは木戸だと西園寺に進言してのことだったのは間違いないところです。

戦後六十年を越しますが、内大臣についての研究はありません。しかし、内大臣が非常に大きな力を持ったのは、木戸が内大臣だった五年のあいだだけのことですから、木戸の評伝があれば、それで足りるのです。だが、かれの伝記、評伝はないといっていいでしょう。かれは自伝を書くことはしませんでしたが、この本のなかでも引用したとおり、日記を残しています。

内大臣が、そして木戸幸一が大きな力を持つようになったのは、いくつかの理由がありました。木戸が内大臣になったのは昭和十五年六月です。西園寺公望はその年の末に亡くなりました。維新の変革のときに枢機に参画した者が元老の資格を持つと決めてありました。実際にはその資格から外れた元老、西園寺の死のあとに元老はいなくなりました。その元老のもっとも重要な任務は、第一章に記したとおり、五・一五事件のあとに挙国一致内閣という体裁をとるようになって、衆議院第一党の党首を首相に推すのをやめたことから、後継首相を選定することでした。そこで元老のその任務を継いだのが内大臣だったのです。

さて、木戸が内大臣となって、かれは天皇と日々接触するようになりました。木戸が内大臣秘書官長だった昭和の初年、内大臣の牧野伸顕の出勤は一カ月か、二カ月に一度、天皇に挨拶し、世間話をして、帰るといったしきたりだったのですから、木戸の時代となって、内大臣の形態と意味はまったく変わってしまったのです。

内大臣となった木戸は自分にもっとも都合のよい不文律をつくりあげました。起こるであろう出来事の予見、国際情勢の見通し、採るべき対策の示唆、政府と軍の人事問題を天皇に助言できるのは、宮内大臣と侍従長の口出しを禁じて、内大臣のかれひとりにしてしまったのです。細川護貞は昭和十九年十一月二十八日に原田熊雄が語った話を日記につぎのように記しています。「内府は形式主義にて、宮内大臣は宮内事務のみ、侍従長は一切政治に口出しせずとの建前をとり居るも、西園寺公の頃は、此の三人には同席して報告をなされ、原田男が使者たるときは、必ず三人を訪問したり*」

さて、こだまする爆撃音と砲声、不吉なざわめきに取り囲まれ、確実なものはなにひとつとてない時代となって、独立、併存する政府と統帥部といった古色蒼然とした二頭体制の上に立ち、国務大臣と統帥部の総長の意見を聞き、自分の考えを語る以外、宮内大臣と侍従長を排除してしまい、非公式な考えを聞く親しい友人をまったく持たず、相談する学界、財界の一流専門家がただのひとりもいない孤独な天皇は、信頼し、頼りにした内大臣の木戸と話し合うだけとなり、かれの助言がまことに重要な意味を持つようになりました。そこで木戸がなにを考えているのかが決定的に大事な問題となったのです。

戦争が終って四半世紀のちのことになります。かってあった内務省を偲んで、内務大臣だった人たちが集まり、それぞれが自分が内務大臣だったときの話をしたことがあります。木戸幸一も参加しました。前に記したように、かれは昭和十四年の平沼騏一郎内閣の内務大臣でした。そのときに木戸がなにをやったのかは、第四章に記しました。

木戸はその集まりで、こういう具合に語りました。「わたしが内務大臣をしていた間というのは、いろいろ役所の書面の上に一つも残らない問題のために朝から晩まで頭をつかったものです」**

＊　細川護貞「細川日記」中央公論社　昭和五三年　三三一頁
＊＊　編者　大霞会「内務省外史」地方財務協会　昭和五二年　二五頁

私はこれを読んでいて、かれの内務大臣の八カ月間のことではなく、内大臣の五年間がまさしくそうだったのだと思いました。かれは日記を残していると語ったばかりですが、その日記を読めば、かれがなにを考えていたか、そしてかれの行動のすべてがわかる訳ではないのは、たとえば私が引用した昭和十六年九月十六日、十一月三十日の日記を取り上げて記したとおりです。アメリカとの戦争を選択したこの人物は自分のそうした考えを日記に記したことがなかったのです。自分がどうしてそう考えたのか、そのためにどのような行動をとったかの説明を日記に一言も綴りませんでした。自分のそのときどきの選択と決断を明らかにしていないという自信を持っていたからこそ、第一章で書いたことですが、昭和二十一年一月にかれは自分の日記を東京裁判の検察局に提出したのでした。

結局、かれの計算、思惑どおりにことは運ばず、かれは昭和二十三年十一月に東京裁判で終身刑の判決を受け、昭和三十年十一月に仮釈放となるのですが、それから十年少しあとのことになります。

昭和四十一（一九六六）年と翌昭和四十二（一九六七）年にかれは昭和十六年に自分がやったことを語りました。二回とも何人かの聞き手を相手にしてです。かれは二十数年前の日記帳を前にしたときのような軽率な筆運びを決してしなかった現役時代の用心深さと自制心をいつか失っていましたから、どうして自分が戦争を選んだのかを平然と語ることになりました。第一章に記したことですが繰り返します。木戸が亡くなるのは、その十年あと、昭和五十二（一九七七）年四月です。八十七歳でした。

さて、昭和四十一年の談話会で、木戸は「大東亜戦争というものはギャンブルでも何でもない」と言いました。

翌四十二年には「（陛下が）『僕は戦争が嫌いだからやっちゃいかん』とおっしゃるのは、それは言えんことはないけれども、それがどんなリアクションが起こってくるか。恐らくあれでしょうね、秩父宮擁立なんていうようなところ」と語ったのです。

第三章で、「秩父宮擁立というのはちょいちょいあったんです」と木戸は喋ったことがあるのだと書きました。かれが語ったのはこのときのことだったのです。

木戸がアメリカとの戦争を回避しようとした永野、高松宮、近衛、山本の願いを潰したのは、これからはじめようとする戦いは「ギャンブル」なんかではない、大丈夫、うまくいくという自信を持っていたからだったのです。そして永野、高松宮、近衛、山本が望むとおりに和平を求めることをしてしまったら、「秩父宮擁立」といった「リアクション」が起きる、こういう話をかれは喋ったのです。*

かれが説いたことをもう少し詳しく見ましょう。

＊「木戸幸一政治談話録音速記録2」国立国会図書館専門資料部　平成九年　六七頁

昭和四十一年四月六日、かれは学習院大学の研究者の集まりで、自分が学習院で学んだ少年時代から近衛文麿の自殺までを話しました。そのなかでつぎのような説明をしました。

「ですから大東亜戦争というものはギャンブルでも何でもない。武蔵や大和なんていう大きな軍艦が、みんな燃料がなくなって浮いているということになったら、何百万もの軍隊をもっていながら、アメリカからどんな条件を押しつけられても降参しなくちゃならんというハメになってくるんですね。松の根なんか、いくら掘ったって、どうにもなりゃしない*」

木戸の話に耳を傾けていた人たちは、かれがこのように語ったとき、互いに顔を見合せ、体を固くしたことでしょう。昭和前期の歴史の研究者も出席していたでしょうから、開戦のときに責任ある地位にいた軍人や政治家のなかで、戦いが終って二十年あとにもなって、あの戦争は「ギャンブルでも何でもない」、自存自衛の戦いだったと断言した人はほかにいたであろうかと考えたにちがいありません。開戦のときに商工大臣だった岸信介が敗戦の直後に口惜しさだけが先に立ち、そんな決まり文句を口にしていたと思いだした人もいたことでしょう。だが、昭和十六年十月にアメリカとの戦争が避けられない気配となって、学習院の院長だった、それより以前に有能な海軍将官だった山梨勝之進、そして連合艦隊司令長官の山本五十六が、「これが天なり命なりとはなさけなき次第」と嘆息していたのだと思いだした人は、宮廷の最高責任者が昭和十六年にそのような白昼夢にうつつを抜かしていたばかりか、戦後もずっとそんな妄想をもてあそんできたのかと知って、暗然たる思いとなったに違いありません。

木戸を囲んで、かれの話を聞いていた人びとのひとりが尋ねました。木戸に遠慮したのでしょう、曖昧な人称にしました。「勝てると思って、やったわけでしょうかね」木戸が答えました。「歴史的にみると、あの時点では、とにかくロンメルはアレキサンドリアまで迫ってた。ドイツは決して負けていない。あれでアレキサンドリアを取って、インド洋で日本と手を結ぶという構想が生きていたら、まだまだ様子は変わっていたかもしれない」*

そしてつぎのように喋ったのです。「戦さをするんだから、はじめから負けると思ってやったわけではない。しかし、勝てるとは思っていないナ。国の体面を保ってネゴティエイティド・ピースができればいいということだね」**

かれの話を聞いていた人びとは驚いたでしょう。この人はさほどの譲歩をしなくて

＊　編者　金沢誠ほか『華族――明治百年の側面史』北洋社　昭和五三年　一七三頁
＊＊　同右　一七四頁

済む、気楽な講和を結ぶことができると本気で思って、戦いを選んだのだろうかと考えたはずです。だれもそれ以上の質問をしませんでした。

桑原虎雄がこれも戦後に語った回想を付け加えておきましょう。昭和十七年三月下旬、第一艦隊に所属する第三航空戦隊の司令官だった桑原は退任の挨拶のために大和の長官室に行きました。桑原は海軍兵学校三十七期、航空畑を歩き、そのとき少将でした。山本と親しかったかれは、別れ際に戦争の見通しを尋ねました。「いまが戦争のやめどきだ。それにはいままでに手に入れたものを全部投げ出さなければならない。中央にはとてもそれだけの腹はない。われわれは結局斬り死にするほかはないだろう」と山本は答えました。

いままで手に入れたものとは、支那事変を含むものと思ったと桑原は書き加えました。

さて、木戸のつぎの談話会の聞き手はべつの人たちでした。集まりは昭和四十二年二月十六日から五月二十九日まで六回に及びました。木戸は自分の政治活動の歴史を語りました。質問者は山本有三、後藤隆之助、そして国立国会図書館の関係者でした。

木戸がそこでなにを語ったかを記す前に、質問者の説明が必要でしょう。山本有三、後藤隆之助はいずれも近衛と親しくしていました。近衛が戦争犯罪人として巣鴨拘置所に入所する前日、昭和二十年十二月十五日の夜、後藤と山本は近衛の邸を訪ねました。二人は近衛が死を決意していると思って、辞去したのです。

山本は作家でした。近衛の伝記を書きたいと思っていたのですが、近衛が自死してからは、ますます強く、それを願うようになりました。それから二十八年のち、昭和四十八（一九七三）年に山本は毎日新聞に近衛伝を書きはじめました。だが、「雑談近衛文麿」となり、二カ月で中断してしまい、かれはその半年あとに亡くなりました。かれが木戸の話を聞いたのはそれより七年前のことになります。

山本有三を近衛系の人物と呼ぶことはできませんが、後藤隆之助は近衛グループの一員でした。近衛とは第一高等学校で一緒でした。もっとも後藤は六年をかけて卒業したという有名な逸話があります。近衛のもとで青年団運動をやり、昭和十年にいまの言葉で言うならシンクタンクをつくりました。昭和研究会です。そして昭和十三年には昭和塾をつくり、その塾長でした。学校を出て就職した青年たちの、明日を考えるための教育機関でした。

もう少しつけ加えておきます。昭和研究会でも、昭和塾でも、後藤はまったくの裏方にとどまりました。会と塾の教師には日本を代表する優秀な研究者、大学の教員、新聞記者が集まりました。だが、昭和十五年十一月に昭和研究会は解散し、昭和塾はその一年あとに解散しました。もし、昭和十六年十一月三十日に高松宮、山本五十六の願いが通っていたら、昭和十七年中に昭和研究会は復活し、日本はどのような方向に進んでいかねばならないかを説き、未来への構想、世界における日本の地位をどのように構築するかを論じるようになって、人びとを励まし、勇気づけることになったでしょう。

さて、後藤と山本が木戸の話を聞こうと思いたったのは、その前の年に公刊された木戸の日記を読んだことが大きな刺激となったのでしょう。

後藤と山本はいくつもの問いをつづけ、木戸は機嫌よく答えていました。後藤は戦前から木戸とつきあいがあり、遠慮はありませんから、口のききかたは乱暴でした。こうしてかれは九月六日を取り上げたのです。九月六日とは、第三章に記した昭和十六年九月六日の御前会議のことです。その御前会議のことは、後藤と山本は戦争中に近衛の回想を聞いていたでしょうし、戦後になれば、近衛の伝記、さらに木戸の日記のその日の記述も読んでいました。つぎのように後藤は問いました。

「その御前会議ね、九月六日の御前会議にね、これは、陛下の力を借りることができなかったかな」

木戸は狼狽しました。「どうしてお上に申し上げなかったのだ、『常侍輔弼』の内大臣の務めではなかったのか」と言われ、「陛下のお言葉を頂くようになぜしなかったのか」と問われるのは、かれが嫌う、なによりも不愉快な質問でしたから、見知らぬ研究者や新聞記者には会わないようにしていた大きな理由でしたし、質問者にそうしたことを言わせないために、「ギャンブルでも何でもない」と機先を制するか、遠くを見る目つきをして、「あれしかしょうがなかったんだ」と先手を打つのが、かれの防禦の方法だったのです。

それが矢庭に九月六日の木戸の責任が取り上げられました。木戸が動転したのは、九月六日の御前会議の端から端まで、自分が非難される筋合いはないとたかをくくっていたからであり、近衛が死ぬまで口にしなかったことを、近衛と親しかった後藤が、よもや切りだしはしまいと甘く見ていたからです。

説明が必要でしょう。永野修身が木戸に向って、つぎの御前会議で決めることになっている「国策遂行要領」を「両論併記」といった形にすることに反対し、天皇からそのような言葉を頂きたいと望んだのは間違いのない事実であったことを、現在、私たちは知っています。軍令部総長のその願いを木戸が無視したことも、私たちは知っています。私たちはまた、つぎの御前会議で統帥部総長に向って存分に質問をして欲しいと近衛首相が天皇に願ったという事実を知っています。それをさせなかったのも木戸でした。そして高松宮が御前会議における天皇の態度は「不徹底」だったと批判したという事実も私たちは現在、知っています。御前会議を「徹底」したものにさせなかったのは、もちろん、木戸だったのです。

ところが、実際には九月六日は長いあいだ、木戸の財産だったのです。昭和十六年十月半ば、第三次近衛内閣が行き詰まったときに、木戸はこの九月六日を取り上げ、あの御前会議を開いたのは君ではないかと言い、陸軍と海軍の真の協調ができていないがために、このような収拾できない事態に立ち至ったのだと批判しました。「結局今日の癌は、九月六日の御前会議の決定である」「御前会議の重大なる決定は忽卒《こつそつ》の間に決定せられて居ると言うのが実情である」と説き、近衛首相の努力が不足していたのだ、見境なく軽率な取り決めをしてしまったと非難し、近衛は「火のついた爆弾を置き去りにした」と言ったのです。そして敗戦のあとになれば、「直チニ対米開戦ヲ決意ス」と最初に決めてしまったのは九月六日の御前会議なのだと木戸は語り、あの会議を主宰したのはだれだ、近衛ではないかと説くことになったのです。

九月六日の全責任、要するに戦争責任は近衛にあるのだと木戸は語ってきました。にもかかわらず、後藤が平気の平左で、九月六日の御前会議を取り上げ、木戸の責任だと言わんばかりの態度をとったものですから、木戸は目の前で火花が散った思いとなりました。「あの段階じゃ出来ないね」と木戸は怒りを抑えて答えました。後藤は構わず、つぎのようにつづけました。

「明治天皇の御製を詠まれるなんていうのは、甘ったるいことでは治まりゃせんのですよ」

昭和十六年九月九日の夜、ニュース映画会のあと、もう少し丁寧な語調だったのでしょうが、高松宮は天皇にこのように言ったのでしょう。しかし、高松宮が九月六日の御前会議における天皇の態度を批判したことは、高松宮の日記が公開されるまで、だれひとり知りませんでした。

そこで木戸の九月六日の財産のひとつはお上のその明治天皇の御製でした。陛下が明治天皇の御製を詠まれたにもかかわらず、内閣は「国策遂行要領」案をそのまま奏請してきたので、陛下はこれを裁可するしかなかったのだと木戸は説明していたのでした。*

ところが、後藤が有無を言わせない態度で、御製朗読ではしようがないと断じたものですから、木戸はしかし、しどろもどろになってしまいました。

「いや、それはしかし、『やっちゃいかん』とはね。それはいろんないきさつで、ここまで来ているでしょう。わがままみたいになっちゃうんだね。『僕は戦争が嫌いだからやっちゃいかん』とおっしゃるのは、それは言えんことはないけれども。それがどんなリアクションが起こってくるか。恐らくあれでしょうね、秩父宮擁立なんていうようなところ」

ここで説明が必要でしょう。この談話記録を公開するのは三十年のちという約束が

---

*　編者　木戸日記研究会「木戸幸一日記　東京裁判期」東京大学出版会　昭和五五年　二一〇頁

ありました。一九九七（平成九）年の公開ということになります。録音のすぐあとに談話録をつくることになっていたら、木戸は自分のこの部分の発言を削ってしまったにちがいありません。後藤と山本も木戸の胸中を思いはかって、九月六日の御前会議の一節をすべて削ることにしたでしょう。そもそも三十年発表しないという心のゆとりがあったからこそ、そのとき七十八歳だった後藤は御製の問題を口にしてしまったのです。そして三十年のち、木戸も、後藤も、山本も生きていませんでしたから、いわゆる「ベタおこし」という形のまま、木戸の発言のすべてが活字になってしまったのです。

内大臣だった人物が「秩父宮擁立」ととんでもないことを口走ったものですから、山本と後藤、ほかに聞いていた人たちはびっくりしたのでしょう。即座に思い起こしたのは、二・二六を引き起こした青年士官たちは秩父宮を担ごうとしていたのだといった、ずっと語られてきた噂でしょう。叛乱部隊の指導者のひとり、歩兵第三連隊の中隊長、安藤輝三大尉と、かって「歩三」に在隊した秩父宮が親しかったという話も思いだしたのでしょう。付け加えておきましょう。木戸が「秩父宮擁立なんていうようなところ」と語ったとき、秩父宮はすでに亡くなっていました。昭和二十八（一九五三）年一月に他界しました。五十歳でした。

山本は木戸の興奮のさまに驚いたのでしょう。助け船をだしました。「それだし、二・

とうこういうことになるように、もうすでにできておったのですね、あそこで。だからそこを陛下が、そうでなくても、秩父宮擁立というのはちょいちょいあったんです」

「それは……。いろんな妄断をするから。だから、日本の運命っていうものは、とう

木戸は言いました。

二六以上のことが起こるでしょうね」

木戸の心の片隅に秩父宮の思い出はひっそりと収まっていたのではなかったのです。昭和十六年九月六日が主題になって、木戸が責任を問われるといった思いもかけない事態になって、どういう訳か秩父宮がかれの頭の中央に居座ってしまったようでした。昭和十六年にだれが「秩父宮擁立」を企んだでしょう。山本と後藤は秩父宮が昭和十六年には御殿場に転地静養をしていたことを知っていました。秩父宮は御殿場に幽閉されているのだといった噂を耳にしたことがあっても、馬鹿馬鹿しいと笑い飛ばしたでしょうが、木戸が奇怪な話をつづけることから、山本と後藤の驚きは収まらなかったのでしょう。昭和十六年九月に高松宮が秩父宮を真の内大臣にしようと望んだことがあったことは二人はなにも知らなかったでしょう。山本が知らなくても、後藤が知っていたであろう事実があります。昭和十九年後半からの近衛の構想です。アメリカに講和を求めるに先立ち、天皇は皇太子に譲位されて、秩父宮か、高松宮が摂政にな

るという計画をたて、近衛はそれを木戸にも告げました。しかし、近衛のその計画を「擁立」というような出鱈目な話に木戸が歪曲し、喋っているとは後藤も考えなかったでしょうから、どういう出来事があったのだろうと首をかしげたことと思います。

山本が尋ねました。

「ちょいちょいあったんですか」

「前からちょいちょい言うやつがあるんです。若い人間なんかでもね。だけど、恐らくあの時にそういう妄断で、話も聞かないで、ばっさりおやりになる。それはお出来にならんことはないけどども。……だからそこが、そう言っては何だけど、学者だの何だの、紙の上で見てくると『おかしいな、やったらいいいんじゃないか』と言うんだけど、そうはいかないんだよ。人間と人間の戦いなんだからね。これは」

後藤は木戸の興奮がつづく様子を見て、きつく言い過ぎてしまったと思ったにちがいありません。「もしそれがやり得るとすれば、それ以外道はなかったと思うから、それはできなかったということ。だからその点、僕は」

木戸が言いました。

「それをやれるようなら、やっていただいている」

木戸の戦争責任を追及しようとした後藤の最初の意気込みはすっかり消えました。

木戸の機嫌をとるようなことを言う始末となります。

「その代わり、あなた方、今頃は生きてないや」

二・二六の罠に落ち込んでしまって

木戸の興奮はまだとまりません。

「だけど、生きてなくってても、僕は生きてなくってもいいんだけど。日本が妙なものになっている。必ず外でもう始めてます。これは、柳条溝だとか盧溝橋、みんなやっている。もうあれだけ兵隊出しているんだから。潜水艦だって、ハワイの前まで行っているんだもの」「あの辺がね、うろうろしていますよ。だから、ぽかんとひとつやればお終いなんだ」

それまで黙っていた大久保利謙が尋ねました。かれはそのとき国立国会図書館の非常勤の調査員でした。「そうすると、例えば東条陸相にしても、結局押さえられない」

木戸は答えます。「それは、なかったら押さえられないでしょうね。陛下が『とにかくやめろ』とおっしゃったら」

大久保は「でも」と言って、言いよどみました。九月六日に天皇はそうは仰っしゃいませんでしたねと言おうと思ったのかもしれません。だが、木戸が慌てて言いました。

「それはそして、そのリアクションが大きいね。恐らくある形で、それはどのくらいの規模かというのは推定はできないけど、一種の内乱状態でしょう」

木戸が「内乱」という言葉を対米開戦の直前にも使ったのだとは第一章で語りました。ワシントン駐在大使、野村吉三郎と来栖三郎からの昭和十六年十一月二十六日付けの電報を東郷茂徳外相が木戸のところに持参しました。野村と来栖はどうしても戦争を避けようと死に物狂いだったのです。日米両国首脳の親電の交換によって事態を打開しようという案でした。天皇がルーズベルト大統領に親電を送り、仏印、蘭印、タイに中立地帯を設立しようと提議するものでした。野村と来栖の両大使はこの電報を木戸内大臣にも見せて欲しいと最後に記していたのです。木戸は「こんな提案でまとめようとしたら内乱になるよ」と冷やかに答えました。* 馬鹿馬鹿しい、なにをくどくど言っているのだという意味の、口の悪いかれ好みの毒舌でした。だが、かれの毒舌は毒舌だけで終わりませんでした。第一章で語ったとおり、かれはその言葉と終生、縁が切れなくなってしまったのです。

かれは山本有三、後藤隆之助に向って、「一種の内乱状態でしょう」と口からのでまかせを言いました。「秩父宮擁立」といった話を捏造し、「ぽかんとひとつやればお終いなんだ」と起こるはずのない出鱈目を語りました。九月六日の御前会議で戦争を

「やっちゃいかん」と天皇が語ったら、そういった恐ろしい事態になったのだと言ったのです。

前に記したように、木戸は九月六日の御前会議にたいする非難が自分に向けられるとは思っていなかったことから、動転してそんな嘘偽りを喋ってしまったのです。もし、後藤と山本が木戸の日記のなかの十一月三十日の出来事に注意を払い、あれこれ疑いを抱いたとして、その日のことを持ちだし、木戸の責任を問うことになったら、木戸の慌てふためきはどれほど激しいものになったでしょう。「ぽかんとひとつやればお終いなんだ」と言い、「秩父宮擁立」と語ったほかに、さらにどんな作り事を加えることになったでしょう。だが、本当のことを言えば、後藤から遠慮会釈のない質問をされたとき、木戸の頭のなかでは九月六日と十一月三十日がごっちゃになっての言い訳となっていたのです。

ところで、木戸はいい加減な嘘を喋りながらも、言ってはいけない秘密は決して口にしませんでした。現役時代の用心深さと自制心はなくなっていたと前に記しましたが、それでも、あるひとつのことには、まったく触れまいとする制御の力を持っていました。つぎのようには決して言いませんでした。九月六日の御前会議で天皇が外交

＊　東郷茂徳「東郷茂徳外交手記」原書房　昭和四二年　二四五頁

交渉だけでいくと語ってしまったら、日本は中国撤兵を決意しなければならなくなる。中国撤兵となったら、国内は「一種の内乱状態でしょう」。

木戸がそのように言わなかったのは当然でした。山本も、後藤も、木戸から「人間と人間の戦いなんだからね」と訳のわからない表現を聞かされ、「とうとうこういうことになるように、もうすでにできておったのですね」と運命論を説かれたのでは、煙《けむ》に巻かれてしまい、どうにもなりませんが、「中国撤兵をしたら」と木戸が語ったのなら、しっかりリアリティーがあり、理解することもできれば、考えることもできますから、毒をまき散らしただけの木戸の言い訳に誤魔化されることなく、内乱なんか起きるはずはなかったでしょうと反論できたと思います。「ぽかんとひとつやればお終いなんだ」と言われましたが、そんな馬鹿なことをしでかす潜水艦の艦長がいるはずはないでしょうと言い、どこのだれが「秩父宮擁立」を企むのですか、中国から撤兵することになって、予備役、後備役、退役になってしまうのが不満の師団長や連隊長が、秩父宮を担いで二・二六のような騒ぎを引き起こすのですかと問い質すことになったでしょう。支那事変を一日も早く終わらせようと努力した秩父宮、米英との戦争に反対した秩父宮を、いったい、どこのだれが「擁立」しようとしたのですかと問い詰めることになったにちがいありません。

そして後藤と山本はこもごもつぎのように言ったはずです。当然、天皇の詔勅がだされることになるでしょう。その詔勅に背く陸軍軍人がいるはずはないでしょう。辻政信のような戦争屋が広東に飛んで行き、現地軍に香港に攻め込めと煽動しますか。できるはずはありません。かりにやろうとしても、あのとき支那派遣軍総司令官は畑俊六大将でしたよね。天皇がだれよりも信頼されていた将軍ではありませんか。そして総参謀長は前に南支那方面軍の司令官だった後宮《うしろく》淳中将でしょう。いたって常識的な、対米戦を避けたい、撤兵問題を解決したいと心密《ひそ》かに願っていた将軍でしょう。南支那方面軍に勝手なことをさせるはずはないでしょう。

東条英機陸軍大臣以下、「陸軍は飽くまで御聖断に従って行動す」ということになりませんか。東条大将はそう言ったでしょう。杉山大将もそう説いたにちがいありません。では、辻政信のような男が過激分子を使って、内大臣、陸軍大臣、参謀総長の殺害を図ることになりましたか。できるはずはないし、するはずもない。かりにこの一人、二人が殺されたとして、アメリカと戦争するとだれが言いだすことになるのでしょう。

あるいは後藤と山本は、爆発しかけようとする怒りを押さえようとして、指が震えている木戸が哀れになり、このような問いは胸のなかにとどめることになったかもしれません。

それでも木戸がうっかり、「中国撤兵をしたら」と語ってしまっていたら、後藤と山本は木戸に向って、つぎのようには言ったはずです。終戦のときと同じようにすればよかったのです。陛下が直接に国民に向けて放送し、国の大目的の正しさを説かれればよかったのです。たしかに一般国民はなにも知らされていませんでしたから、非常に驚くことになったと思います。それでいいのです。大西洋、ソ連領内で、英国、米国、ソ連が戦いをつづけているあいだに、支那事変を解決してしまい、世界の争いの圏外に立つことは日本の大きな利益となります。陛下は支那事変四年間の二十万の戦死者に向って、かれらの散華を決して徒事《とじ》にしないと誓われ、新しい篝火《かがりび》のもとに結集しようと国民に呼びかけられればよかったのです。

もしも木戸が中国撤兵をすることになったらと語ってしまって、そのあとかれがつづけて国内は「一種の内乱状態でしょう」と言ったのであれば、後藤と山本から、そんなことになるはずはないと言われて、こんな具合に木っ端みじんにやっつけられることになったでしょう。

「内乱」の話はおしまいです。

だが、この機会に木戸幸一以外に「内乱」を語った人がいたことを挙げておきましょう。軍令部総長だった永野修身です。敗戦のあとにかれは戦争犯罪容疑者として捕らえられ、昭和二十二年一月に急死したことは第二章で記しました。かれが逮捕される前のことになりますが、開戦時に軍令部第一部第一課長だった富岡定俊と課員だった三代《みよ》一就《かずなり》から、どうして戦争に踏み切ったのかと問われました。

読者のなかには、質問者の意図を誤解する人もいるでしょうし、永野の答えを読んで、見たとおりではないか、かれは主戦派だったではないかといきまく人もいると思います。説明が必要でしょう。開戦時に呉やトラック島にいた「田舎侍」ではなく、永野総長の部下として軍令部中枢にいた富岡と三代がかっての総長にこのような質問をしたのは、まもなく永野が軍事裁判の被告となり、検察官に問われるようになったときにどのように答えるつもりなのかと心配し、できれば助言しようと思っての質問だったことは間違いありません。昭和二十一年三月の中旬だったと思います。

永野の答えに、富岡と三代が付け加えた言い分か、二人の同意を得た見解が、「海軍が戦争に反対すれば、陸軍と右翼による内乱になる、海軍は負け、そして対米戦争をはじめることになる」、「それよりも少しでも勝ち目があるときにやろうということでやった」＊ということになったのです。

永野がこのように説くことによって、隠そうとした秘密は、前に何回も記しましたが、もう一度記述しましょう。昭和十六年八月下旬に永野が日米不戦を原則とする「国策遂行要領」をつくろうとして、内大臣、木戸幸一の支持と支援を得ようとしま

＊編者　戸高一成「［証言録］海軍反省会」ＰＨＰ研究所　平成二一年　三七三頁

した。もちろん、そのときに軍令部第一部の部員だった富岡、三代もその海軍案をつくるのに参画したはずです。ところが、木戸が密かに与《くみ》していたのは、譲歩は絶対にしないと説く陸軍の側でしたから、かれは海軍のこの要望を葬り去りました。こうして永野は陸軍が説く「両論併記」とする「要領」に賛成せざるをえなくなり、外交的譲歩をすることなく、必然的に戦争を選ぶ道を進むことになったのです。敗戦のあとに、永野が「内乱」といったかこつけ、こけおどしを持ちだしたのは、アメリカと戦争になるのもやむをえないと、すでに昭和十六年八月に木戸が考えていたという事実、決して口にしてはならない秘密を隠すためだったのです。

ところで、どうして戦争に踏み切ったのかについての永野のこの説明は、昭和四十二年に木戸が山本有三や後藤隆之助にした説明よりも、第一章に記したことですが、昭和天皇が昭和二十一年三月に語った昭和十六年十一月三十日の自分の行動の弁明とよく似ています。

あるいは両者のあいだには繋がりがあったのかもしれません。永野修身が戦犯容疑者として収監されたのは昭和二十一年三月ですから、その直前に、どうして開戦を決意せざるをえなくなったかについて、宮廷と海軍が同一の見解を持つことがなんにもまして必要だと永野が考え、富岡と三代が同じことを望んでいたがために、永野を訪ねたという可能性は大いにあります。

そのあと永野は宮廷に残っていた松平康昌に向って、富岡とともに考えた開戦せざるをえなくなった理由を語り、天皇の耳にそれが入るようにしたのかもしれません。あるいは松平の側が富岡と永野に働きかけ、開戦を決意せざるをえなくなった理由をつくるのに協力をもちかけたのかもしれません。そのとき木戸がすでに捕らえられ、かれが宮廷にいないことが、永野の対応を積極的にさせたということはあったと思います。松平について説明しましょう。かれは、昭和十年代、そして昭和二十年、二十一年まで、宮廷と政権中枢とのあいだを結ぶ、数多くの政治秘密にかかわりながら、なにひとつ明かすことなく、昭和三十二年に死去しました。

「内乱」の話はこれで本当におしまいです。

木戸と後藤、山本の座談に戻ります。木戸は中国撤兵の問題を口にしませんでした。後藤、山本にたいして、弁解に窮することになるとわかっていたがために、そしてその狼狽、興奮がさらにひどいものになると承知していたから、中国撤兵の問題に触れなかったのではありません。かれが中国撤兵の問題に緘黙《かんもく》をつづけたのは、昭和四十二年に山本、後藤の質問に答えていたときだけのことではなく、これまでの章で見てきたとおり、昭和十六年にかれは中国撤兵の問題を論じることを避け、それとぶつかる気配となれば、急カーブを切り、ほかの問題を持ちだすということをしていたのです。繰り返しになりますが、二つだけあげましょう。

中国撤兵の問題について、かれが自分の考えを言わねばならなくなったとき、かれは決まって臥薪嘗胆案を持ちだしました。八月はじめ、そして十月半ばです。海軍がそれを支持しないことなどどうでもよかったのです。直面しなければならない中国撤兵の問題から逃げるためだけの提案でした。

もうひとつは、第四章のなかで記しました。第三次近衛内閣の総辞職は、中国撤兵の是非をめぐっての閣内不統一が原因でした。首相と外務大臣の考えと陸軍大臣の考えが衝突しての結果でした。このはっきり文字となって記された事実を木戸は無視し、陸海軍の代表に向かって、そして重臣たちに向かって、撤兵問題をまったく口にしませんでした。いったい、日本はどうなってしまうのだ、心配でならないといった深刻な表情をしてみせ、陸海軍の「真の協調」が必要だと説くだけだったのです。

なぜ、木戸が撤兵問題を決して口にしないようにしていたのかは、このあとで検討することにします。それにしてもまことに奇怪でした。「秩父宮擁立」になるといった話は木戸の馬鹿馬鹿しい創作であったにしても、国内が混乱するとかれが本当に恐れていたのなら、その年の八月、九月、十月、二つの大きな目標、米英との戦争は絶対にしない、そして国内の混乱を断固として防ぐ、そのためにあらゆる手段を講じると説いて、首相、内務大臣とその対策を協議し、参謀総長に向かっては、その基本方針に合意するように求め、「国策遂行要領」を「両論併記」にするのはやめるべきだ、ソ連も、英国も口出しができないいまこそ、支那事変を解決する最上のチャンスではないか、わが軍の華北における駐留を二十五年にするといったたぐいの粗野に過ぎる要求は取り下げたらいかがと説き、陸軍大臣にたいしては、正式機関ではない、怪しげな秘密組織、国内の政治、思想の監察を仕事にしている軍事調査部を解体させたらどうかと迫り、そのような助言をまず最初に天皇にしなかったのはなぜだったのでしょう。

たとえば近衛首相は日米首脳会談が開催できると信じていたとき、内務省の警察部門を首相の直轄にする計画をたてました。* そうです、昭和十四年前半に起きたように、警察が陸軍の尻馬にのり、陸軍からカネをもらった右翼が高官や海軍首脳を国賊だと罵倒し、脅迫するのをほうっておかせるようなふざけた真似をさせないようにするためでした。しかし、内務大臣は内務省の最重要部門を失うことにうんとは金輪際言いませんから、首相の手にあまります。天皇のお言葉が是非とも必要です。しかし、内大臣の木戸は近衛のその願いに協力しようとしませんでした。

当然でした。木戸は国内の混乱を恐れたがために、中国からの撤兵に反対したのではなかったからです。とは言っても、昭和十六年八月、九月、十月、十一月に、陸軍

＊「昭和二十年　第一部＝4」草思社　平成二年　二六七〜二七九頁（文庫版三五二〜三六九頁）

の「内乱」を恐れてはいないことを明らかにした木戸の言葉を見つけだすことはできません。四年あとのことになりますが、昭和二十年七月三日の細川護貞の日記を見ることにしましょう。その日に軽井沢で細川は近衛文麿をかれの別荘に訪ね、木戸幸一内大臣の「時局収拾案」について聞き、その不安を語り合いました。戦争の終結をソ連に依頼するという計画です。天皇の親書を持った特使をモスクワに派遣するという木戸の案です。

細川は日記につぎのように記しました。「(近衛)公は陸軍によるクーデターを心配し、充分の配置を必要とする由注意したるも、内府はその点すこぶる楽観し居り、『個人テロの起りて、自分を始め鈴木、米内等が殺されることはあるかも知れぬ』と語り居れりと。余は此の点最も心配なるむね公にも述べ、むしろ率先粛軍を断行すべきを以てせり。公も同意見なりき*」

なるほど近衛は小畑敏四郎や真崎甚三郎、酒井鎬次といった退役将軍から陸軍の現首脳にたいする罵倒が先にたつ昔話を聞き、近衛の腹を探りにきた陸軍軍人や右翼人士から空虚な話を聞き、細川は首相秘書官の陸軍軍人、松谷誠が慎重に語る陸軍の情報を耳にしていました。だが、陸軍中央部の軍人が考えていること、やっていることを、この十年にわたって欠かさず承知していた木戸の判断のほうが的確でした。前に見たとおり、昭和十一年、昭和十四年がそうでした。昭和二十年もそうだったのです。

杉山元、阿南惟幾といった陸軍大臣の言葉の節々に注意を払っていましたし、前に記した松井成勲、そして東条大臣の秘書官、つづいて軍務課長だった赤松貞雄から情報を得ていましたから、「陸軍によるクーデター」など木戸は少しも恐れていなかったのです。

昭和十六年の八月から十一月もまさに同じでした。「両論併記」を国策とはしない、対米戦争を避けると定め、大きな譲歩を決意し、「交渉条件を低下させる」ことにしてしまって、陸軍幹部たちがそれを許さないといきまき、クーデターを企んだり、それを使嗾《しそう》したりすることにはならないと木戸にはわかっていたのです。昭和四十二年四月十二日、木戸が山本有三と後藤隆之助に向って、「陛下が『とにかくやめろ』とおっしゃったら……一種の内乱状態でしょう」と言い放ったのは、かれの困り果てての嘘、とは言っても、口からすらすらと出た嘘であったことは前にも述べたとおりです。

再度繰り返しますが、昭和十六年八月、九月、十月、十一月、木戸は国内の混乱、内乱になるのを恐れたがために、中国からの撤兵に反対したのではありません。参謀本部第一部の辻政信、あるいは陸軍省軍務局員が利用している愛国主義者の脅迫や暗

＊　細川護貞「細川日記」中央公論社　昭和五三年　四〇五頁

殺の威しが内大臣の木戸を身動きできなくさせたのでは決してありません。

かれが中国撤兵の問題に口を出さず、触れまいとしたのは、それを隠さねばならない理由があったのです。大事を糊塗したと批判され、その倫理観を問われ、良心より利己心を大切にしたと非難されると承知していたからこそ、かれは中国撤兵反対を口にださないようにしていたのです。

撤兵をしたならば、木戸は自分の公的地位と現在、将来の力と利益を保持できなくなるからでした。私は以前に「昭和二十年」のなかでそれについて書きました。つぎに写します。

「昭和十一年二月の一千人の陸軍部隊蜂起の後始末をどのようにするか、天皇の支持を得ることになる基本原則を定めたのは、陸軍将官たちを並べた軍事参議官の会議や陸軍大臣の川島義之ではなく、殺害リストに入っていなかった元老の西園寺公望でもなく、殺害から逃げのびた前内大臣の牧野伸顕でもなく、危地を脱した首相の岡田啓介でもなく、逃げ隠れしていた内務大臣の後藤文夫でもなかった。ずっと地位の低い内大臣秘書官長の木戸だった。……

木戸幸一の考えと同じことをはっきり表明したのは、勝ち馬はどれなのか、もう少し様子を見ようと曖昧な態度をとりつづけていた弘前から熊本までの師団長たちのなかでただひとり、仙台の第二師団長の梅津美治郎だった。木戸の考えと同じことをやろうとしていたのが、中央機関の軍幹部のなかではただひとり、参謀次長の杉山元だった。だからこそ、梅津美治郎は陸軍次官となり、杉山元は陸軍大臣となり、この二人がクーデター後の陸軍の支配者となったのである。

ところが、クーデターの起きたつぎの年に北平《ペイピン》郊外で起きた小競り合いはずるずると拡大した。参謀本部が反対したにもかかわらず、戦いを全中国にひろげ、戦いを収束させることができなかった責任者は参謀本部の首脳部ではなく、陸軍大臣と次官、杉山と梅津の二人だった。

そこで、中国からの撤兵をアメリカに約束する事態になれば、中国と戦ってはいけないと主張した将官こそが正しかったのだと衆議院議員たちが語り、新聞の論説委員が説くようになり、真崎甚三郎や小畑敏四郎といった現役を逐われた皇道派の将軍たちの再登場を望む声、それとはべつに、これも現役を逐われた石原莞爾と多田駿の復活を期待する声が陸軍と国民のあいだに起きることになる。そして、多くの東京市民は五年前の大雪の日のことを懐かしく思いだすことにもなる。起ちあがった歩兵第一連隊と歩兵第三連隊の士官と兵士たちに自分たちが熱烈な拍手を送ったのは、けっして間違ってはいなかったのだ、かれらは『叛乱部隊』なんかではなく、最初に呼ばれたとおり、『蹶起部隊』だったのだとうなずいて、はじめて胸のつかえがおりることになる。

当然、戦いをやめる決断がつかないまま、北支事変を支那事変に拡大してしまった杉山元と梅津美治郎の責任が問われることにならざるをえない。また、皇道派の将官と多田駿、石原莞爾といった将官を目の仇にし、かれらからも目の仇にされた東条英機とかれの部下たちも、現役を去るしか道はないことになる。

そして、木戸幸一はつぎのように考えたのであろう。

昭和十一年二月の事件をどのように解決するかを定め、叛乱部隊幹部の厳罰の方針と皇道派の将軍たちを表舞台から追いやるお膳立てをした私もまた、内大臣を辞任しなければならなくなるだろう。私の政治生命は終わり、私を盟主としてつくられつつある長州俊英メンバーによる長州中興体制も、うたかたの泡と消えてしまうことになる。

木戸はこのように考えたのだ*」

こうした理由があって、木戸は中国撤兵に反対だったのです。繰り返しになりますが、かれの態度決定の背後にかれの利己的な利害を計算する算盤があると非難されると知っていたからこそ、かれは中国撤兵反対を口にださないようにしていたのです。

そこで昭和十六年の夏から秋、木戸を名指しして、自分の個人的利益を守ることに足をとられ、戦争を回避する決意に踏み切れないでいると非難した人はいませんでした。そして敗戦のあとになっても、かれこそが筆頭の戦争責任者だと追及、非難した人はいなかったのです。

木戸自身はどう思っていたのでしょう。だれも気づくはずがないと思い、知っている僅かな人たち、たとえば近衛文麿や永野修身は絶対にそれを口にしないと思っていたのでしょうか。そうではなかったと思います。木戸は秩父宮にそれを指摘、糾弾されるのではないかと昭和十六年九月、昭和二十年九月に恐れたはずです。昭和十六年九月とは、前に記したとおり、高松宮が秩父宮を真の内大臣にしようとしたときでした。昭和二十年九月とは、ここで説明はしませんが、敗戦の直後に秩父宮が御殿場から東京に戻っていた八月二十四日から十月一日のあいだのことになります。

私は前に、木戸が後藤隆之助と山本有三に向って、昭和十六年に「秩父宮擁立」があったのだと繰り返し語ったことを取り上げ、いらだった木戸のつくりごとだ、創作だと説明しました。だが、本当はつぎのようにつけ加えなければいけないのでしょう。木戸の心像、記憶のなかに残っていた秩父宮にたいする不安というよりも恐怖に近い感情が、撤兵問題については口を閉ざす分別は残っていながら、もうひとつ、口にだしてはいけない名前をかれに言わせてしまったにちがいありませんと。

＊「昭和二十年　第一部＝8」草思社　平成一三年　二五〇～二五一頁（文庫版三二三～三二五頁）

さて、この章の最初に、昭和十年から昭和二十年までの十年余のあいだの道行きを定めた人物は木戸幸一だったと叙述しました。木戸は二・二六を解決しました。そのあとの日本の進路を決めてしまったのは、ほかのだれでもない、木戸でした。昭和十六年、日本はその進路を変えなければなりませんでした。だが、木戸の頭脳のなかで、それは、前に書いたことの繰り返しとなりますが、二・二六のあとに陸軍を支配するようになった軍人たちがやってきたことの全否定となり、かれらの総退場とならざるをえず、そこで内大臣秘書官長だったかれの二・二六の解決方法が根本的に誤っていたのだという告発、糾弾を導くことになってしまうことから、かれに大転換はできなかったのです。天皇に向って、山本連合艦隊司令長官をお召しになるようにと進言することは、ついにかれにはできませんでした。

山本五十六の乾坤一擲はならなかったのです。

第九章　その日の真実を明かすまいとした人びと

昭和十六年十一月三十日に高松宮は参内して、山本連合艦隊司令長官をただちにお召しくださ い、長官から直接、アメリカと戦争をしてはならないという理由をお聞きくださいと天皇に説きました。天皇はそれを拒否しました。そして木戸内大臣の進言に従ってのことでしょうが、そのあとに参内した東条総理大臣、永野軍令部総長、嶋田海軍大臣にたいして、天皇は山本長官が参内を望んでいるという事実を明かしませんでした。そして木戸はその日の日記にその事実を記しませんでした。それから一カ月あと、昭和十七年元旦に天皇が東久邇宮に十一月三十日の出来事を語ったときにも、山本長官については触れなかったのです。いずれもこれまでの章で記したことです。

山本五十六の戦死のあと、悲惨な戦いが二年少しつづいて、戦いは終わります。その昭和十六年十一月三十日の出来事のなかの隠されたもっとも重要な箇所を明らかにすることはいよいよ、だれにもできなくなりました。

第七章で触れたように、高松宮、保科善四郎、平田昇を含め、その事実を知っていたすべての人が生涯、その秘密を口にしませんでした。

高松宮が十一月三十日の出来事についてはじめて語った内容は、第五章「高松宮、三十四年後に秘密に触れる」で記しました。高松宮が山本五十六大将をお召しして欲しいと天皇に願ったことはおろか、山本五十六のことについて一字も触れていないのは見てきたとおりです。

高松宮が加瀬英明にその秘密のごく一部を語ってから十四年のち、昭和天皇の崩御のすぐあとのことになります。一九八九（平成元）年の一月の週刊誌、『サンデー毎日』（一月二十九日号）に加瀬英明はつぎのように書きました。一九八四（昭和五十九）年に葉山の別荘に高松宮を訪ねたときの一問一答です。

「あの戦争は陛下がお停めになろうとすれば、お停めになれたはずだった……あのときにもっと努力していれば、開戦を避けることができたね」

「ほんとうに、そう思われますか」

「わたしがもっと努力すればよかった」

加瀬英明はそのあとにつづけて、「殿下が私を信頼されて、本心をお明かしになったのだから、天皇がご存命中に書くわけにはゆかなかった」と記しました。だが、加瀬英明はついに山本五十六についてはなにも書きませんでした。

加瀬英明が高松宮からそれを聞いて三年あと、高松宮は一九八七（昭和六十二）年二月に亡くなります。そのあと加瀬俊一は『文藝春秋』の四月号に「高松宮の昭和史」という文章を載せました。亡き宮への敬愛の情のこもった追悼文です。その末尾はつぎのとおりです。

「二月十日の本葬に先だち、八日から宮邸で通夜が始まった。私は英明と第一夜に参列し、白木の柩を礼拝した。柩には皇族がたが一行ずつ筆写した般若心経とともに、英明が文藝春秋に寄稿した『高松宮かく語りき』（一九七五年二月号）のコピイが収めてあった。珍しく、故殿下が戦争の回避と早期終結について、回想を語ったものである。この一文は特にお気に召していた。殿下としても、壮年時代の情熱を傾けた救国の行動だったのだ。とまれ、今日の日本の盛況は殿下の英知に負うところが少くない」

そして加瀬俊一はその論文の「天皇に直諫《ちょっかん》」という見出しの第三節のなかで、つぎのように記しました。「当時、高松宮は海軍中佐で軍令部に勤務しておられた。聡明な殿下は海軍の本心が戦争を欲しないことを察知し、また、戦争になれば勝算はないと判断していた。事実、連合艦隊司令長官・山本五十六大将は戦争に反対であり、同期の嶋田繁太郎海相に送った書翰（十月二十四日）には、『残されたるは尊き聖断の一途あるのみ』と記してある。私も同感であって、十二月一日の御前会議が開戦を決定する前に形勢を逆転させたいと焦慮していた。……

かくて、十二月四日、海相官邸で山本長官の壮行会が内密に行われた時には、開戦の廟議《びょうぎ》は既に決定していたのであって、壮行会に列席した高松宮の無念の心境が推察される」

加瀬は山本大将の「聖断」の願いと高松宮の「直諫」の行動とのあいだに繋がりがあったことを、ごくごくかすかに、聞こえるか聞こえないかの声で暗示しました。本当は加瀬はすべてを知っていたのだと私は思っています。加瀬は高松宮を病院に見舞い、それまで宮が明かさなかった最大の秘密を取り上げ、保科少将はだれの使者だったのですか、そして本当は宮は陛下になんと申し上げたのですかと尋ね、高松宮はその問いに答えたのだと私は思っています。

保科善四郎はどうだったのでしょう。高松宮の没後に十一月三十日の秘密を僅かに記したことは、これも第五章「高松宮、三十四年後に秘密に触れる」のなかで記述しました。

その章で、保科が大井篤と生涯にわたって親しかったことを記しました。大井についても説明しましたが、もうひとつ、書いておきましょう。開戦前の七カ月間、軍令部第三部に勤務した短現二期生の宇野芳夫は「サイレント・ネービーの例外は大井篤部員であった」と記し、兵学校、大学ともにヘッドの大井は「談論風発、明快な論理をもって議論していた」＊と綴りました。

前にも記したように、山本五十六は「聖断」につづいての国策大転換の大工作に取り組むにあたって、保科の手腕に大きな期待を懸けていたことは間違いありません。そして保科は同じような期待を大井に懸けていたはずですから、呉から東京に戻って

＊　宇野芳夫「軍令部・海兵団・戦後処理」『波濤と流雲と青春と　第二期二年現役海軍主計科士官四十周年記念文集』昭和五五年　一六二頁

すぐに、大井に向って、山本プランを明かしたのだと思います。

これも前に記したことですが、保科は平成三（一九九一）年十二月に百歳で没しました。その翌年から大井は水交会機関誌、『水交』に「保科さんと私」と題する文章の連載をはじめました。はるか昔の二年間のアメリカ留学時代のなかの記述を私は前に引用しました。その六回目に、大井は保科とともに昭和十六年、そして昭和二十年にやったことをつぎのように綴りました。

「日本が、あの不幸きわまる対米開戦に突入の前夜期に、開戦反対を共にしたことや、開戦後みすみす敗れる戦争に講和努力を拒み続けていた時機に、早期終戦の途を探るべく秘かに通じ合ったこと……の根底には、私ども二人のその駐米期において育てた米国観の共通性があったものと、私は思う」*

その翌年、平成五年のことです。前にも記したとおり、高松宮日記が発見され、大井は海軍兵学校同クラスの航空出身の豊田隈雄《くまお》とともにその編纂の仕事をはじめました。保科と「開戦反対を共にした」大井は、高松宮がなにをしたのかを当然ながら知っていたはずです。大井は高松宮のその日記の昭和十六年十一月の項をひろげようとして、ページをめくる指の動きがもどかしかったことでしょう。十一月十四日から十一月三十日までの日記がないことはすでに記しました。大井は大正十年からの日記帳二十冊を何回も調べ直し、どこにもまぎれていないことを確かめ終ったとき、大きく息をつき、安心したことでしょう。かれは壁に飾られた写真の高松宮をしっかりと見上げ、殿下、陛下をお守りなさいましたねと語りかけたにちがいありません。

大井はその翌年、平成六（一九九四）年十二月に亡くなります。結局、かれは「対米開戦に突入の前夜期に、開戦反対を共にした」ことについて、山本長官の構想、保科局長とともにつくった大転換の計画について、なにひとつ書き残しませんでした。あの大戦勃発前の真実を語るチャンス、記述しなければならない機会が何十回、いや、それ以上にありながら、「サイレント・ネービーの例外」の主人公はとうとう黙りとおしました。山本五十六が天皇にこの戦争をしてはなりませんと言上できなかった悔しさを、ついに書くことも、語ることもしませんでした。

もうひとり挙げましょう。野村実です。

野村は大正十一年の生まれです。昭和十九年十月にニコバル諸島沖で英空母に体当たり攻撃をした陸軍の航空士官、阿部信弘のことを前に記して、この大戦争でもっとも多くの犠牲者をだした大正十一年の生まれだと書きました。野村は自分の中学の同期生の三三パーセントが戦死し、海軍兵学校の同期生の五七パーセントが戦死したと記しています。

＊　大井篤「保科さんと私（6）」『水交』平成四年八月号

山本五十六が三十二期、保科が四十一期、大井が五十一期とあげる必要もなく、昭和十七年十一月に兵学校を卒業した七十一期生の野村ははるか後輩でしたが、優秀であるところはこれら先輩とよく似ていました。就役訓練中の戦艦、武蔵、昭和十八年一月からは空母、瑞鶴に乗り組み、電測士だったのですが、あ号作戦方針が発令されて数日あと、思いもかけず転勤となりました。リンガ泊地の瑞鶴で出撃の壮行会がおこなわれていた五月十日の夕刻、かれは退艦します。のちにかれはつぎのように記しました。「送りの短艇上で帽子を振って、艇のキャビンに足を踏み入れたときどっと涙があふれてきた*」

軍令部第一部作戦室の作戦記録係を勤めた野村は、昭和十九年十月末に瑞鶴の戦没を知ったのでした。頭脳明晰を買われてのことでしょう、野村は東京裁判で起訴された海軍高官のための弁護事務をするようになって、復員庁に勤務することになり、そのあと防衛研修所で戦史の編纂をしました。こうしてかれは海軍関係の数多くの資料を読んだばかりでなく、多くの海軍先輩から話を聞くことにもなったのです。

さて、かれは文藝春秋から一九八八（昭和六十三）年に「天皇・伏見宮と日本海軍」という著書をだしました。そのなかに「もし山本五十六がハワイへ出撃していたら」という論文が収められています。山本が赤城に座乗して、ハワイ攻撃をしていたら、必ずや第二撃を命じることになったにちがいないと説いています。そしてウェーク島への航空機輸送の任務から帰投し、オアフ島の近海まで戻ってきていたアメリカ空母、エンタープライズとの戦いになったにちがいないと想像し、ハルゼー提督が開戦第一日目に戦死することになったかもしれないと「予想される有利な展開」を書き記しています。

「ところが」と野村は書きます。「歴史は、ハワイ空襲を言い始めたときに山本が切望し、また道理のうえからも当然である山本自身が直率するハワイ作戦へとは、進展しなかった**」と綴りました。そして「山本を必要とした政局」、要するに山本の対米戦回避の努力を八頁にわたって記します。九月二十九日に山本が永野総長に向って、このような成算少なき戦いはすべきではありませんと説いたことから、山本の十月二十四日付けの嶋田大臣に宛てた書簡の「唯《ただ》残されたるは尊き聖断の一途のみ」の一節までを掲げています。そして十二月四日の朝の出来事をつぎのように書いて、この論文の結びとします。

「堀は西下の山本と、横浜駅のプラットホームで、もう一度会った。握手して、
『じゃ、元気で』

---

*　小沢治三郎伝記刊行会編「回想の提督小沢治三郎」原書房　昭和四六年　五〇頁
**　野村實「天皇・伏見宮と日本海軍」文藝春秋　昭和六三年　二〇五頁

と言うと、山本は、
『もうおれは帰れんだろうな』
と答えた。
ハワイ空襲を決行する以上、歴史は、山本の直率する空襲を見たかったと思う*」

野村はこの論文のなかで、「このころの山本五十六の心境は、なんとも神秘的だ」と記します。そしてもう一度、「当時の山本の心境は、なんとも神秘的だ」と綴るのです。

「神秘的」なのは本当に昭和十六年九月から十二月はじめまでの山本の心境なのでしょうか。いや、山本の心境よりも、野村のこの論文のほうが私にはずっと「神秘的」に思えます。「山本を必要とした政局」を野村は詳しく書きながら、十一月三十日の出来事については一字も記していないのです。

野村はなにも気づいていなかったのでしょうか。とんでもない、前に述べたように、かれは戦後すぐに多くの海軍の高級軍人から昭和十六年にかれらが考えていたこと、なにをやったかを聞いていました。それだけではありません。小林躋造の覚書を編纂したのは野村です。私が第一章で引用したとおり、天皇が東久邇宮に昭和十六年十一月三十日の出来事を語った内容がはっきり記されています。そのあと野村は関係者を回り、十一月三十日の真実を調べたはずです。それだけではありません。第七章に登場する、侍従武官だったときの城英一郎の日記を編纂し、二十頁にも及ぶ懇切な解題を付したのも野村です。前に城英一郎は航空出身だと言いました。「山本五十六—大西瀧治郎—城英一郎の緊密な関係が、霞ヶ浦海軍航空隊で築かれた」と野村は綴っているのです。

たしかに城は十一月三十日の異常な日曜日の出来事について日記になにも記していません。高松宮の参内にはじまり、内大臣、首相、軍令部総長、海軍大臣までのお召しを記しただけです。だが、この日に起こったとてつもない出来事は、参内しようとしてできなかったある人物をめぐって起きたものであることが城には見当がついていたのだと私は思っています。

十一月三十日に山本は参内できませんでしたが、十二月三日に宮中でおこなわれる出征前の拝謁、勅語を賜るという儀式にかれは出なければならないことは前に記しました。そこで三日の午前、山本は天皇に拝謁しました。城は侍立せず、侍従武官長が侍立しました。城は書いていませんが、天皇の勅語は「出師を命ずる」「連合艦隊統率せよ」といった内容のごくごく短いものであり、山本長官の奉答もこれまた短く、「連合艦隊の将兵一同、粉骨砕身誓って大命を奉じ」といったものでした。その常例の儀

＊ 野村實「天皇・伏見宮と日本海軍」文藝春秋　昭和六三年　二一三頁

式が済んだあと、天皇は山本と一言二言言葉を交わしてもよかったのです。天皇がなにも言わなかったのでしょう。そこで山本がなにも言えるはずもなく、まことに気まずい、ぎこちない雰囲気のなか、三分足らずで儀式は終わってしまったのでしょう。夕刻、城は山本が侍従武官長に預けた奉答文を天皇の手元に届けます。天皇は山本にまことに済まないという気持ちを持っていたのでしょう。山本のかっての部下だった城に山本への信頼の思いがどれほど強いかを知ってもらおうと努め、城がそれを察したまでのすべてがその日記にはっきり示されています。つぎのように城は綴りました。

「聖上、一度御朗読の後、御繰返し三度位の御読みあり。御満足の様子に拝す*」

そこで城の日記の編纂をした野村実のことに戻りますが、日記のそのくだりはもちろんのこと、その前後のすべてのことがかれには定かに理解できたのです。十一月十八日に佐伯湾を出港し、単冠湾に向う赤城に山本が座乗しなかったのは、十一月三十日の天皇のお召しを待たねばならなかったからなのは、ほかのだれが気づかなくても、野村にははっきりわかっていたのです。しかし、かれは木戸日記の十一月三十日の記述を書き改めることをせず、その日の真実を書こうとはせず、前に記したように、十一月三十日について一字も触れようとしなかったのです。

山本の心境が「神秘的」であったと野村は記しました。本当は野村は山本の心境が少しも「神秘的」ではなかったことを知っていたのです。野村が「ハワイ空襲を決行する以上、歴史は、山本の直率する空襲を見たかったと思う」とその論文の最後を結んだとき、かれがこの末尾を本当はどのように書きたかったのか、いま、読者にもおわかりでしょう。

高松宮も、保科善四郎も、大井篤も、加瀬俊一、英明も、野村実も、十一月三十日にまったく触れないようにするか、その日の真実を明かすまいとしたのは、山本五十六が沈黙を守ったまま、戦死したからでした。

山本五十六は十一月三十日の秘密を明かしてはならない公的責任が自分にあると信じていました。昭和天皇の名誉を守らなければならないという責任と信念を持っていたのです。

私がここで説くまでもなく、山本は正しかったのです。かれだけではありません。十一月三十日の秘密に加わった人たちは、山本がそれを明かさなかったことを知って、かれらもまたその秘密を守りつづけました。

かれらだけではありません。だれもが昭和天皇の名誉を懸命に、そして当然なこととして守りとおしました。皆が皆、正しかったのです。

だが、昭和の長い時代、そしてこれまた長かった二十世紀はずっと昔に終わりまし

＊編者　野村実「侍従武官　城英一郎日記」山川出版社　昭和五七年　一一七頁

た。いま私が十一月三十日の秘密を明らかにしても、山本五十六は許してくれるのではないかと最初に記しました。高松宮、堀悌吉、平田昇、保科善四郎、大井篤、野村実、そして加瀬俊一、英明も許してくれると私は信じています。

エピローグ

私がこの著述で取り上げたのは昭和十六年の歴史です。もっとはっきり言えば、昭和十六年六月から十一月までの半年間の出来事を取り上げました。そしてだれもがこれまでずっと信じ、事実と思ってきた事柄を検討し直しました。そして今日までだれも気づこうとしなかった出来事を明らかにしました。

昭和十六年の歴史には当然ながら海軍軍人が登場します。永野修身について広くひろまっている誤解を糾し、山本五十六の完全に隠されてきた行動を明らかにしました。そしてもうひとり、だれよりも大きな力を持っていた――そのこと自体が現在まで曖昧にされてきたのですが――宮廷高官の木戸幸一がやったことに光を当てました。

このエピローグで永野修身のことに少々触れましょう。かれがアメリカとの戦争を是が非でも回避したいと望んでいたという事実は、だれもが容易に読むことができる日記、覚書に記載されています。研究者は必ずや目を通したはずです。だが、永野が主戦論者だったことは、動かすことのできない事実とされてきましたから、それと矛盾するような資料は利用しないのが賢明、無難ということで、無視されてきたのでしょう。

だれもが軍令部総長だった永野修身を主戦論者とみなした根拠は、つぎのような外交・軍事計画の立役者が永野だったからです。

フランス政府に南部仏印への日本陸海軍の進駐を認めさせ、サイゴン周辺の航空基地に海軍航空部隊を送り込み、シンガポールの英国の海軍基地に睨みをきかせ、蘭印を威圧して、日本が必要とする石油、その他の原料を供給せよと迫る。だが、南部仏印に進駐したならば、英国、オランダの背後にいるアメリカが日本にたいして全面的な経済封鎖に打ってでるのではないか。そのときには石油入手のために実力を行使する。アメリカが妨害しようとするなら、これと戦うのもやむをえない。

なるほど永野修身はこのような主張をしました。なぜだったのでしょう。

私が本文のなかで繰り返し記したのは、昭和十六年のその半年のあいだに起きた出来事のなかには、関係者の日記、覚書、記録、さらには回想録を繰っても、確認、検証できるどころか、まったくなにも記されていない重大な出来事があるということでした。

永野がアメリカと戦う用意があると言いだしたまさにそのとき、日本は容易ならぬ危機に直面しようとしていたのです。昭和十六年六月はじめ、ドイツの最高指導者が近いうちにソ連へ侵攻すると告げてきたのです。

海軍中央の幹部たちは陸軍が対ソ戦をはじめることになると慌てふためき、日ソ戦がはじまったあとにアメリカに経済戦争を仕掛けられたら、アメリカとの外交交渉に打つ手はなく、日本は破滅への道を進む以外にないと息を呑むことになりました。

ところが、海軍中央の幹部たちの日誌にも、覚書にも、かれらがその危機にいかに反応し、情勢のつぎの展開をどのように予測したかの記述がまったくないのです。いかに対応するか、その結論、どう行動すると決めたという記入もないのです。そこで私の推測を記します。

海軍省と軍令部の幹部たちはつぎのように決めたのです。陸軍が対ソ戦争をはじめてしまうより前に、サイゴンに進駐する。そしてアメリカに経済戦争を挑まれるのであれば、第二の支那事変となる恐れのある対ソ戦争を陸軍に完全に断念させることができる。そして対ソ戦争をはじめてさえいなければ、アメリカに経済封鎖を解除させる外交交渉を妥結に導く道を見通すことができる。永野修身とかれの部下たちはこのように考え、行動にでたのです。

日本の死活にかかわる重大な出来事と向かい合ったときに、政策決定にかかわる人がそれについてなにも記録を残さず、日誌になにも記すことなく、いかなる記録もなく、戦後になっても、関係者がなにも語っていないのであれば、研究者は待てよと注意、警戒しなければいけません。

ヒトラーが対ソ戦争を開始するといった情報が海軍省と軍令部にどれだけ大きな衝

撃を与えたかを想像しようとしないがために、昭和十六年から現在まで七十年近くになりますが、軍令部総長だった永野修身は主戦派だといった悲しい拵え事を、だれもが疑う余地なく信じることになったのです。

つぎは内大臣だった木戸幸一です。昭和十六年のその半年のあいだ、日誌にも、覚書にも、そして戦後の発言のなかでも、かれはある重大な問題についてまったく触れないようにして、口を閉ざし、いかに対応するか、どう行動するか、行動したのかを明らかにしませんでした。

木戸が隠しとおしたのは、アメリカが求めた中国撤兵の要求にたいするかれの考え、かれの態度決定でした。絶対にアメリカの求めに妥協しないと決めていながら、それを口にしませんでした。

大悲劇と表裏一体となる可能性の大きい大戦争を阻止するためになにひとつ尽力することなく進んで戦争を選んだのが、参謀総長、参謀次長、第一部長だと記すのならともかく、内大臣の木戸幸一だったという、これまた悲しい真実が、同じ七十年のあいだ、隠されてきたのです。

これまた同じ七十年のあいだ、だれも知らないできたのは、対米戦争を絶対にしまいとしてぎりぎり最後まで努力をした、たったひとりの人物が連合艦隊司令長官の山本五十六だったという悲劇的な事実です。

山本五十六の悲劇もまた本文で叙述しました。ここでは語りません。ある挿話を記して、終わりにします。

昭和十六年十二月八日、連合艦隊旗艦の長門は護衛艦とともに小笠原列島の水域を航行していました。ハワイ攻撃成功の電信につづいて、十二月十日にマレー半島沖で雷撃隊が英国の戦艦二隻を沈めたという電信が入りました。その日の夜、山本五十六長官が長門の前艦橋の最右端の定位置に立っていたとき、作戦室から上がってきた藤井茂参謀が、コンパスの下にある豆ランプの灯を頼りに、英戦艦撃沈を褒賞する天皇からの感状を読み上げました。艦橋には長官のほかに宇垣纏参謀長、矢野英雄艦長、坂田涓三《けんぞう》航海長がいました。姿勢を正して聞き終わった長官は帽子をとり、東京の方角に向って、丁重に最敬礼をしました。

艦橋にいた四人のうち、戦後まで生き残ったのは坂田ひとりです。かれは艦橋のその光景を記し、つぎのように書き加えました。長官は帽子をかぶり、艦橋右端にある椅子に腰を下ろして、「突然ガバと両腕を組んで艦橋の前面にとりつけられた柵の上にうつぶせになり、肩を波打たせながら涕泣された*」。

いま、私は山本五十六が肩をふるわせて泣いたのはなぜだったのだろうと考えます。お上は私を信頼しておられる。だが、お上の私への過分な信任はいまとなっては遅きにすぎる。十日前でなければならなかった。いや、そうではない、私の戦争を回避しようとする努力が足りなかったのだ。年若い陛下をしっかりお守りすることがついに私にはできなかったのだ。

この痛心の激情が、突如、山本の胸中に沸き立ったのだと私は思っています。

＊　坂田涓三「山本元帥と大楠公」『水交』昭和五〇年一月号

あとがき

私は四半世紀にわたり「昭和二十年」を書きつづけていて、二〇〇八年十一月に第十二巻を出した。その中で日米開戦を避けるために山本五十六がやったことを既に書いている。「昭和二十年」は十二月三十一日まで、せめて第一部の区切り目である八月十五日までを早く書き上げねばいけないのだが、その執筆を一時休んで、あらためて山本五十六の昭和十六年秋にとりくむことにした。それが本書である。

本書を書くことになったのはいくつかの理由がある。文藝春秋の細井秀雄さんから強く慫慂《しょうよう》されたこと、終戦に相対する開戦についてもう一度確かめておきたかったこと、昭和十六年秋の山本五十六について、十二巻脱稿後、さらに多くの事実、それまで自らも考え及びもつかなかったことがいろいろわかってきたこと、などによる。

今回、基本的史料にまず一からあたり直した。本書のもう一人の主人公である高松宮の日記、宮中に当時いた内大臣の木戸幸一、侍従の入江相政と小倉庫次、侍従武官の城英一郎の各日記、連合艦隊の参謀長宇垣纏の日記（『戦藻録』）を読み返し、多くの回想記、伝記、研究書に目を通し、自らがつくっている昭和史のカードを洗い直した。そして開戦にいたるまでの山本五十六の足跡を徹底的にたどり直した。

明治天皇の御製を詠み上げた九月六日御前会議について高松宮が兄・昭和天皇に「不徹底」と訴えた箇所に注目したのは担当編集者の石田陽子さんであった。その石田さんの〝発見〟を契機に、さらに多くの真実にたどりつくことができた。高松宮日記の十一月十四日から三十日にわたる半月間の空白を追いつめていく中で、山本五十六と高松宮の秘かな連携がはっきりと像を結んできた。第十二巻でたてた自らの説を否定した部分がいくつもあり、今回の執筆で、昭和十六年の謎の多くを解き明かすことは出来たと思う。

原稿は昨年十二月に仕上がったが、そのあとに改稿と推敲を何度も行なった。その作業の間に「昭和二十年」第十三巻を書き上げることに努めてきたが、脱稿が遅れていることを報告するのが心苦しい。読者諸兄にお詫びしたい。

作家の阿川弘之さんは拙稿を二度も読んで下さり、推薦のことばを寄せて下さった。阿川さんはもちろん、あの評伝「山本五十六」の著者である。

平成二十二年六月三日

鳥居　民

解説　鳥居民さんの謎、五十六の謎

工藤美代子

鳥居民さんに初めてお会いしたのがいつ頃だったのか、どうも思い出せない。十年ほど前だったろうか。しかし、その時の光景だけは今でもはっきりと憶えている。大きなパーティー会場だった。誰かが「こちらが鳥居民先生です」と紹介してくれた。目の前には小柄な白髪の紳士が、やや驚いたふうに目を大きく開けて私を見ていた。私もまた、はっと立ち竦《すく》んだ。なにしろ、実物の鳥居さんにご挨拶できるなどとは夢にも思っていなかったからだ。

これもいつのことだったか、夫が渋谷の書店から大きな荷物を抱えて帰宅した。何かと尋ねたら「大変な本なんだ。どうしても読みたい本なんだ」と答えた。それが、鳥居さんの『昭和二十年』シリーズだった。すでに十二冊が刊行されていた。

私の夫は本へのこだわりがとても強い人だ。全集などは几帳面に順番に並べて書棚に並べてある。ところが、この日持ち帰った『昭和二十年』は第七巻が欠けていた。欠けたままで買ってくるのはあり得ない話だった。理由を問うと、誰かが一冊だけ買ってしまって十一冊しか残っていなかったという。欠けている分を版元から取り寄せられないかと店員さんに聞いたら、無理だと言われた。もう手に入らない本ですと説明されて、大慌てで、とりあえずあるだけを買って帰って来たと興奮気味に話す。余談だが、欠けていた一冊を後に夫は古本屋で探して全巻揃えた。だから、その一冊（第七巻）だけが古びて薄汚れている。

ともあれ、私は初めてこの時に鳥居民さんの名前を聞いたのだった。恥ずかしい限りだが、ノンフィクションを書くことを生業《なりわい》としていながら、鳥居さんの存在を知らなかった。ところが、夫は誰かから鳥居さんの名著として『昭和二十年』というシリーズがあると耳にして、それを捜しに書店へ行ったのだった。

敗戦の年である昭和二十年を、まことに綿密に調べ上げた濃密なドキュメンタリー作品である。残念ながら、平成二十四年の第十三巻が最後となり、このシリーズは完結しなかった。翌年、鳥居さんが八十四歳で亡くなったためである。

夫の後から第一巻を読み始めて慄然とした。なんという筆力、取材力、そして深い洞察力だろうか。この本を書くために著者は、いったいどれほどの時間を費やしたのか。「おそらく生涯だろう」とすぐに思った。

だがそんなことが可能だろうか。いったい鳥居民という人はどんな人生を送って来たのか。悠然として急がずに、このような大作に取り組む作家が本当に実在するのだろうか。

疑問は次々と浮かび、私は作品に惹かれるのと同時に作家に対しても強い興味を感じた。そもそも名前の字面からしてきれいだ。鳥居民とは本名か、それともペンネームか？　生い立ちは？　経歴は？　職業は？　と考え出すと、謎の作家としか思えなくなった。

その鳥居さんが、すぐ至近距離に立っておられるのを目にして、私が発した最初の言葉は「えー？　まさか、本物の鳥居さんですか？」という、きわめて素っ頓狂なものだった。そして失礼でもあったが、鳥居さんはただ相変わらず私の顔を凝視している。

「あっ、あのう私は工藤美代子と申します。あのう、ちょっとノンフィクションを書いているんです、実は」と大慌てで付け加えた。怪しいオバサンに見えたら困ると咄嗟に心配したからだ。

「いや、あなたの本は読んだことがありますよ」と穏やかに返されて、また慌てた。「な、なんの本でしたか？」と不躾にお聞きすると「ハーバート・ノーマンの伝記だったかな」と柔らかい声でおっしゃった。

私が三十代の半ばに出したカナダの外交官の伝記だった。やたらと理屈っぽくて不出来な本だったので、どっと冷や汗が吹き出した。鳥居さんはどぎまぎしている私に意表を突く言葉をかけた。

「だからね、あなたはずいぶん怖いお姉ちゃんかとずっと思っていた。とんがった怖いお姉ちゃん。でも、そうではないのかな」

「あ、怖くはないしお姉ちゃんでもないです」

大袈裟に手を振る私の仕種がよほどおかしかったのか、鳥居さんは闊達な笑い声を上げた。そこから話が弾んで、ある雑誌で対談をさせてもらうことにまでなった。まったくもって赤面の至りの図々しさだが、とにかく鳥居さんと直接言葉を交わせることの嬉しさに私は有頂天だった。

だから、『山本五十六の乾坤一擲』が発売された時は、すぐに入手して読んだ。

山本五十六は不思議な人物である。多少でも日本の近現代史を知る人なら、彼が昭和十六年十二月八日に、ハワイの真珠湾奇襲攻撃を立案、実行した連合艦隊司令長官であると知っている。この攻撃によって、太平洋戦争の火蓋は切って落とされた。

なぜ、あのような無謀な攻撃を仕掛けたのかという声は今でもよく聞く。大国アメリカとの開戦は避けられなかったのか。その議論を重ねていくと、当時の軍部や政治家に対する強い批判へとつながるケースが多い。

それなのに、山本五十六の人気は今も絶大なのだ。戦後になって書かれた彼に関する書物は、戦前、戦中のような美辞麗句に溢れたものではないにせよ、ほとんどがその人格を肯定し軍人としての優れた資質を認めている。絶賛している。

いったいなぜ？　と長い間、私は不思議に感じていた。確かに山本五十六は比類なき魅力を持っている。海軍軍人の枠組みを外れた自由な言動が多かった。簡単に言えば、格好良い男であった。念の為に申し添えると美男ではないし背丈は百六十センチほどの小男である。金にも縁がなかった。彼はスマートな海軍軍人だったというイメージが世に定着しているようだが、私はかつて山本が行ったスピーチの音源を聞いて仰天した。実に野太い押しの強い喋り方で、スマートさなど微塵も感じられなかった。むしろ田舎者の迫力満載だった。

それでも、山本に関する本が絶え間なく刊行されるのは、何か人徳のようなものを備えていたからだろう。いや、まさに備えていたのである。しかし、鳥居さんは人徳などという凡庸な言葉は用いずに、もっと丁寧に深く山本五十六を分析し、彼が闘った軌跡を見事に描き出した。それが本書である。

語弊を恐れずに言うなら、鳥居さんはある種の目眩《くら》ましを初めから仕掛けていた。まず、とても平易な言葉使い。

「山本五十六は歴史のどのような舞台に自分が立っているのかをつねにはっきり意識し、周到に考えをめぐらし、大胆に行動しました」

「かれはひとつ、ひとつの歴史のシーンの主役として振る舞い、部下たちに説いて明かし、同僚、親しい友人にメッセージを送りました」

こうした優しい語り口は、「かれ」「ひとつ」などといった平仮名が多用され、「です」「ます」調となっている。さらに、読者が驚くような結論を初めからポンと投げ出す。

「さて、南太平洋で戦死した山本五十六が日本を代表する悲劇的な人物であったことはだれもが認めると思います。ところが、かれの生涯がどれほど悲劇的であったのかは本当はなにも知られていないのです。奈落の底に落ち込もうとする日本を引き戻そうと試みた人物、たったひとりの人物であったにもかかわらず、だれもそれを知りません」

プロローグのこの文章を読んだだけで、じゃあ、だれも知らなかったことを知りたいと考えるのが人情だろう。鳥居さんは一見すると静謐な文体を駆使して、読者を山本五十六が身を置いた時空間へと、いとも易々と連れて行く。

しかし、その時空間では、当時の日本の命運を決定づける力を持つ、ごくごく限られた人たちだけが、熾烈な戦いを繰り広げていた。今に残されたハード・ファクツを、鳥居さんはピンセットで取り上げるように細心の注意を払って腑分けして、ある結論へと導くのである。その過程の一部分だけを資料として小説、研究書、評伝を書いた人はあまた存在したが、鳥居さんほど俯瞰的に史実を網羅し、独自の解釈を完成させた人はいなかっただろう。

かつて、日本には山本五十六という規格外の軍人がいた。緻密にして大胆な頭脳を持ち、歴史の中央にすっくと立っていた。

なんとかアメリカとの開戦を阻止するため、命懸けで闘った時間と、それに関わった人物を特定することに成功したのが本書である。

そして、私はあらためて考える。彼が強く危惧した国家の滅亡は、実は私たちの眼前に、今も横たわっているのかもしれないと。国を憂い、日本の将来を守る気概で国家の中枢に座している政治家、経済人、官僚が、はたして何人いるだろう。皇族は国民のために祈り続けて下さるだろうか。昨今の皇室に関するメディアの記事を読んでいても、ときに首を傾げたくなる私には、山本の思索、行動がただただ新鮮に映った。現代の日本人に強く覚醒を促すのが、平成二十二年に鳥居さんが世に問うた『山本五十六の乾坤一擲』だったと思うのである。

（ノンフィクション作家）

*本書は二〇一〇年に文藝春秋より刊行された著作を文庫化したものです。

草思社文庫

山本五十六の乾坤一擲

2019年12月9日　第1刷発行

著　者　鳥居　民

発行者　藤田　博

発行所　株式会社 草思社

〒160-0022　東京都新宿区新宿1-10-1
電話　03(4580)7680(編集)
　　　03(4580)7676(営業)
　　　http://www.soshisha.com/

本文組版　有限会社 一企画

本文印刷　株式会社 三陽社

付物印刷　株式会社 暁印刷

製本所　加藤製本 株式会社

本体表紙デザイン　間村俊一

ISBN978-4-7942-2426-2　Printed in Japan

草思社文庫既刊

鳥居 民
昭和二十年 第1〜13巻

太平洋戦争が終結する昭和二十年の一年間、何が起きていたのか。天皇、重臣から、兵士、市井の人の当時の有様を公文書から私家版の記録、個人の日記など膨大な資料を駆使して描く戦争史の傑作。

鳥居 民
日米開戦の謎

そこには政府組織内の対立がもたらした恐るべき錯誤が存在していた。膨大な資料検証をもとに「政治の失敗」という観点から開戦の真因を大胆に推理、指摘した歴史評論書。これまで語られなかった新説を提示。

鳥居 民
鳥居民評論集 昭和史を読み解く

太平洋戦争前夜から敗戦までの日本の歩みを膨大な資料を収集、読破したすえにたどり着いた独自の視点・史観から語る。歴史ノンフィクション大作『昭和二十年』未収録のエッセイ、対談を集めた評論集。

草思社文庫既刊

鳥居 民
原爆を投下するまで日本を降伏させるな

なぜ、トルーマン大統領は無警告の原爆投下を命じたのか。なぜ、あの日でなければならなかったのか。大統領と国務長官のひそかな計画の核心に大胆な推論を加え、真相に迫った話題の書。

鳥居 民
近衛文麿「黙」して死す

昭和二十年十二月、元首相・近衛文麿は巣鴨への出頭を前にして自決した。近衛に戦争責任を負わせることで一体何が隠蔽されたのか。文献渉猟と独自の歴史考察から、あの戦争の闇に光を当てる。

鳥居 民
横浜富貴楼 お倉
明治の政治を動かした女

明治初め、新宿の遊女だったお倉は横浜の活気に魅せられ、料亭富貴楼を開く。そこには伊藤博文、大久保利通、井上馨などが集い、近代日本を創る舞台となる。名女将お倉の活躍からたどるもう一つの明治史。